U0112890

阮籍评传

辛旗◎著

RUANJIPINGZHUAN

华艺出版社

HUA YI PUBLISHING HOUSE

作者简介

辛旗，满族，1961年生于北京，祖籍河北定州。获哲学学士、历史学硕士学位。现任中华文化发展促进会副会长，中国国际友好联络会副会长，中国宗教学会、全国台湾研究会、中国和平统一促进会常务理事，北京大学客座教授，清华大学国际传播研究中心特约研究员。

长期从事中国古代思想史、哲学、宗教学以及国际关系、台湾问题研究。1985年开始参与中央对台政策咨询，先后参加了对台政策白皮书、重要文告及有关法律的起草。1993年起数次访问台湾，曾作为访问学者在岛内多所大学讲学。多次率团访问美国、日本、韩国、蒙古、朝鲜、古巴、巴西以及欧洲各国，就国际关系、地区安全问题进行高层对话与战略磋商。

出版有《诸神的争吵》、《一个中国学者的世界话语》、《跨世纪的思考》、《中国历代思想史（魏晋南北朝隋唐卷）》、《魏晋哲人阮籍评传》等专著。主编台湾问题论文集十多部，在海内外发表学术论文、散文、诗歌以及文物鉴赏等方面的文章数百篇。曾在中央电视台"海峡两岸关系论坛"节目担任嘉宾主持人，策划、监制了《血脉》、《文化长城》、《台湾往事》、《郑和下西洋》、《海峡春潮》、《为了新中国》等十多部大型电视纪录片。

内 容 简 介

阮籍是个独特的历史人物，长期以来以诗酒和异行闻名于世，中国文学史给了他很高的地位。相比之下，思想史方面对他的研究仍显薄弱。本书从魏晋时代分析入手，探索阮籍的精神世界，使今人能了解那个动荡年代的知识阶层"自我意识"和人格觉醒后如何痛苦地面对残酷的社会现实。

全书十一章的内容可分为四部分：（一）前三章介绍他的生平、思想渊源和所处时代风貌；（二）四至八章从自然本体论、政治、伦理、美学、文学思想多方面论述他思想的基本特征；（三）第九章研究他内心体验、时代精神与诗歌创作的关系，揭示当时名士普遍的心理感受；（四）十、十一两章，结合魏晋思想大变革，围绕"理想人格"、"自然与名教"等问题，探究他的历史地位，并试图参照当代哲学思潮来讨论他的思想对现代人们究竟有何种启迪。

目 录

自　序

　　阮籍是个独特的历史人物。现在人们对他的了解大多限于"饮酒无度、歌哭无端、言行怪异"，粗通文学史的人知道他是"竹林七贤"之一，诗文俱佳，留下不少哀伤的五言咏怀。的确，中国文学史已经给了阮籍很高的地位，相比之下思想史方面对他的研究尚属薄弱，原因之一是长期以来认为他的思想"不精致、缺乏抽象思辨的成分"，故而"难对他使用的哲学概念的涵义做出准确的判断"。当然，这种判断的不确定也产生了学术界对阮籍思想研究的分歧。

　　研究阮籍若单独看他的言行、思想、著述，得出上述认知是可以理解的。问题在于他是魏晋那个特定时代的特殊哲人。在距今一千七百多年前，那时知识分子为求安身立命在肉体和精神上所经历的苦痛，是生活在今天的人们难以理解的。从此意义上讲，将阮籍思想与魏晋时代背景密切关联，该是进入他精神世界的钥匙。他所知的时代犹如一把锈迹、血迹斑驳的铁锁，一旦打开，簧声宛然，深邃之中珍藏的奥秘惊心动魄，有些竟与当今的时事那么的相似。阮籍不会为取悦于后人，把诗文和思想浸满愁怅、玄机和隐晦；也不会刻意建构什么"体系"。他的思想是那个时代"自我意识"、人格觉醒后又倍感压抑的曲折流露。他的外在言行与内在精神激烈地冲突，这种痛苦非酒无以麻醉，非诗无以表达，非深深地体验无从理解。

我对阮籍的研究开始于一九九〇年十月为文津出版社撰写《中国历代思想史·魏晋南北朝隋唐卷》。在那通论式的著作里，对他"点到为止"，一方面因篇幅所限，另一方面也深感弄清他的思想非得对魏晋时代彻底厘清不可。一九九二年六月，我在北京与通信数年的韦政通教授见了面，那次长谈中韦教授提起了他和傅伟勋教授合作主编的《世界哲学家丛书》，希望我能撰写阮籍评传。这使我终于有了深入研究阮籍的机会。但是，以后的写作过程却是断断续续，其间我数次赴日本、台湾访学，尤其是一九九四年赴台湾政治大学客座研究前后百日，几乎无法在思绪上重回魏晋时代。每次回到家来续写书稿，我都要以极大的毅力摒除诸事的纷扰，每每是书中人物的处境、忧思与现世的杂乱无章令我心神难定，面临着与阮籍所讲"万事无穷极，知谋苦不饶"的同样心境。那些日子里，我白天去办公室"如天下苍生何"，晚上或节假日星期天坐在书房中"自造山林"，角色的变换，几令我觉不出"儒道互补"究竟有何种乐趣。然而，对阮籍的深深理解与佩服，终使我从一九九三年十二月至今天，写成此书。全书共十一章，可按内容分为四个部分：前三章为第一部分，着重写阮籍的生平、著作，他与魏晋玄学思潮的关系。其中第二章专门探讨那个时代的经济、政治和社会习俗，以期把阮籍思想的研究放在一个大背景之中。前三章大致勾勒出阮籍思想的质料、渊源和发展变化的脉络，对他的学说与其他派别的异同以及他的思想鲜明特色的成因做了分析。

第四章至第八章为第二部分，论述了阮籍整体思想的基本特征。从自然本体论、政治思想、伦理思想、美学思想、文学思想等多方面做深入的探讨。此部分所阐示的是：阮籍思想的主旨在于关注人与社会、自然的关系。他"万物一体"的自然论，强调宇宙的统一性，并非像学术界所讲是从王弼的

"贵无论"之抽象的"无"，回到王充具体有形的"气"的自然论。他论述人与自然界运动规律是相通的，"道"是规律，"神"是规律对人主体认知的莫测性，调和了儒家和道家的自然本体学说。阮籍的政治思想重视历史的自然演进，以"万物一体"否定君主的地位，倡导"无君论"，把"自然"与"名教"对立起来，批判"名教"是"诚天下残贼、乱危、死亡之术"，这在以往哲人是罕见的。阮籍的伦理思想是崇拜自然为基点的绝对向善的伦理意识，他塑造"大人先生"为自然伦理的体现，不仅为了反抗礼教，也为了抵御生命欲念中对死亡的恐惧，为心灵在现世的流变和亘古的孤寂中找到归宿。阮籍的美学思想表现了魏晋知识分子在主体意识高度发达之下的敏锐的审美能力，对审美体验做了相当完整的内省式描述，可说是阮籍在美学方面的重要贡献。阮籍的文学思想不仅继承了"建安文学"的"慷慨多气"，古诗十九首的生命感伤，还开拓了主体感受的"道德情感"领域，使其颇具特色的文风为后世所追求、仿效。

阮籍的思想标示了中国思想发展史上生命人格主体意识第一次全面苏醒。如果说屈原、孔子的哲理人生观仍囿于政治人格、社会道德，那么到阮籍这里就进入了纯粹与自然融合，以自然法则为道德之源的"大生命层面"。

第九章为本书的第三部分，这样单列是因为那个时代残酷的政治现实，使阮籍的诸多思想不便以理论的方式来表达，只好诉诸情感恣肆流露的诗歌形式，隐匿在八十二首五言《咏怀诗》之中。第九章着重研究阮籍内心体验、时代精神与诗歌创作的关系，揭示当时知识分子普遍的心理感受，从中可见阮籍在中国诗歌史上有不可忽视的地位和影响。

本书最后两章为第四部分，第十章对阮籍之后的玄学发展做了一番论述，罗列了历代名家对阮籍的评价，并结合魏晋时期思想大解放大变革，围绕"理想人格"、"自然与名教关系"等重大问题，探究阮籍的历史地位。强调他在思想史上的突出贡献在于：在人格、人性之中加入与自然合一的大生命意识，把道家的"自然无为"之说与儒家的"仁恕"之论，在人性向善、自然论与人性本应合一的理念中结合起来。为后来唐宋儒学复兴，建构"道德理性"哲学并吸收佛教、道家理论做了准备。

第十一章我觉得是全书最难写的一章，我以学生应考的心情，耗费了二十个难眠之夜才完成。阮籍的思想留给现代人们是什么样的启示！是反社会、反道德的倾向？是悲苦的心灵与肉体自残？还是在逆境中自造归隐的岩穴与避风港？若从哲理的层面回顾阮籍的一生、著述和那个时代，那些被古老概念外壳笼罩的永恒之光会耀耀地浮现出来：那就是人生命的意义。儒道两家都有自己诠释的概念系统和行为规范，阮籍也曾尝试过实践这两家的教诲，他毕生都在试图解答"人为什么活着"的问题。他启迪我们的是：人的"道德理性"、"道德情感"和"社会性道德"，应当符合人类总体生存的要求和人性。在物欲横流、自然遭到极大的破坏、人与自然关系益发紧张的今天，人类有责任自觉加固"道德理性"和内在人格的哲学根底，培养道德自觉能力和向善的意识、意志，更好地与社会协调，与自然共处。

一本书的产生往往端赖于前辈学者的提携与鼓励。我要特别感谢韦政通教授、傅伟勋教授的"创缘"；感谢容肇祖教授、姜国柱教授的栽培和鞭策，是他们使我有信心深入研究魏晋思想史；感谢已故的陈伯君先生留下的"寻奥探幽"、校勘释解堪称精湛的《阮籍集校注》，有了这个好的阮籍著作版本，我才得以亲近阮籍，和他做超越时空的心灵交谈。这本书的写作过程中我常想起一句古训："圣贤书所学何事，而今而后，庶几无愧。"是为序。

辛旗

一九九五年五月七日

于北京复兴门外寓所"彝堂"

4

第一章　阮籍的生平与著作

第一节　家世与家人

阮籍，字嗣宗，陈留尉氏（今河南开封市东南）人。生于东汉献帝建安十五年（210年），卒于魏常道乡公景元四年（263年）。论及阮籍家世，"诸阮前世皆儒学"，"阮仲容（阮咸、籍庶兄熙之子）与阮步兵（阮籍）居道南，诸阮居道北，北阮富，南阮贫"①。可知阮籍家非富豪，"七月七日，北阮盛晒衣服，皆锦绮粲目。咸以竿挂大布犊鼻于庭，人或怪之，答曰：'未能免俗，聊复尔耳！'"②。阮籍之父阮瑀（约165—212年），字元瑜，曾受学于"好辞章数术天文，妙解音律"的经学大师蔡邕（132—192年)③。阮瑀"善

① 据《世说新语·任诞》引《竹林七贤论》。
② 《晋书·阮咸传》。
③ 《后汉书》卷六十下，《蔡邕传》。

1

解音，能鼓琴"①，被曹丕归入"今之文人"——建安七子之列②。建安年中，都护曹洪闻其才，欲请他做书记，不肯应聘。后来曹操（155—220 年）也派人征召，不得已勉强出任司空军谋祭酒，与陈琳（？—217 年）共掌记室，后又转任仓曹掾属③。阮瑀长于书记章表，文采绮丽，思路敏捷，曹操的许多军国表章、书信，甚至个人名义的文赋、诗篇多是阮瑀的手笔。如建安十六年，随曹操征马超时，奉命于行军途中作书与韩遂，在马上具草呈阅，曹操执笔端视良久，竟无从增减一字。曹丕（187—226 年）在《给吴质书》中赞誉道"元瑜书记翩翩，致足乐也"。

阮瑀体弱，不胜鞍马劳顿④，于建安十七年（212 年）病逝，留有文赋数十篇⑤，当时阮籍仅三岁，寡母孤儿相依为命，景况甚为凄惨。曹丕哀其孤寡，曾作《寡妇赋》以寄悲情，序曰："陈留阮元瑜，与余有旧，薄命早亡，故作斯赋，以叙其妻子悲苦之情。"又命王粲（117—217 年）等人并作诗赋⑥。这些诗赋描述了阮籍母亲含辛茹苦，抚养幼子的悲苦，正因为母亲教养及悲苦的童年，使阮籍日后虽率性不循常礼，但秉性至孝。

阮籍的兄长名熙，曾任武都太守⑦，生平不可详考，从阮籍字"嗣宗"（传续本宗之义），以及曹丕、王粲的《寡妇赋》中有"抚遗孤兮太息，俛哀伤兮告谁？"，"提孤孩兮出户，与之步兮东厢"之句可看出，阮熙不是阮籍的同母兄弟，只是与阮籍关系密切，后同样名扬仕途的庶兄而已。他与阮籍的

---

① 《三国志·魏志》卷二十一，《王粲传》注引《文士传》。
② 曹丕《典论·论文》："今之文人，鲁国孔融文举、广陵陈琳孔璋、山阳王粲仲宣、北海徐干伟长、陈留阮瑀元瑜、汝南应玚德琏、东平刘桢公干，斯七子者于学无所遗，于辞无所假，咸以自骋骥騄于千里，仰齐足而并驰。"
③ 《三国志·魏志》卷二十一，《王粲传》。
④ 阮瑀曾作《失题》诗言自己的身体："白发随节堕，未寒思厚衣。四肢易懈倦，行步益疏迟。常恐时岁尽，魂魄忽高飞。自知百年后，堂上生旅葵。"
⑤ 张溥《汉魏六朝百三名家集》有《阮元瑜集》一卷。
⑥ 赋、诗见张溥《汉魏六朝百三名家集》，《魏文帝集》、《王侍中集》。
⑦ 《晋书》卷四十九，《阮咸传》。

亲密，可从"嫂归宁，籍相见与别"①的记载中体悟出来。阮熙有二子，长子未见于记载，次子即"竹林七贤"②之一的阮咸，因为他与阮籍同流，故稍加叙述。

阮咸（生卒不详），字仲容，与阮籍同属清贫的"南阮"。曾为散骑侍郎，吏部郎职缺时，"山涛（205—283 年）举咸典选，曰：'阮咸贞素寡欲，深识清浊，万物不能移。若在官人之职，必绝于时。'武帝（司马炎）以咸耽酒浮虚，遂不用"③。阮咸任达不拘，行为怪诞且多不合礼度，前述七月七日晒衣之举为一例。又如与族人饮宴，用大瓮盛酒，众人围坐痛饮，微醉之时逢一群猪爬上瓮边，阮咸毫不在意，共饮至醉，同卧瓮侧。阮咸深爱姑母家的胡人婢女，在他居母丧时，闻其女随姑母迁居，立即向人借驴，丧服未脱就一路追去，赶上后与胡女共骑一驴回来，有人怪他，他答道："给我生儿子的人，可不能错过！"④阮咸善弹琵琶（可能得教于胡女），精通音律，时称"阮咸妙赏，时谓神解"⑤。后人将他的名字做为琵琶的别号。阮咸后任始平太守，以寿终。有二子：长子阮瞻，次子阮孚⑥，均有其父遗风。

为便于了解阮籍家世、家族，特列出阮氏世系表⑦如下：

东汉	魏	晋	
侍中 胥卿 ····················	平原相 种(德猷)		
	共(伯彦)	河内太守 侃(德如)	
	略( )	淮南内史 颙( )	交州刺史 放(思度)
			光禄大夫 裕(思旷)

---

① 《晋书》卷四十九、《三国志》卷二十一，《阮籍传》。
② 《世说新语·任诞》引《竹林七贤论》。
③ 《晋书》卷四十九，《阮咸传》。
④ 《世说新语·任诞》。
⑤ 《世说新语·术解》。
⑥ 阮孚，字遥集，母为胡女。其字号为阮咸姑母取自王延寿《鲁灵光殿赋》中"胡人遥集于上楹"句。孚为人神色闲畅、好饮，名列"八达"之一。
⑦ 参考松本幸男《阮籍的生涯与咏怀诗》，东京木耳社，1977 年版。

侍中　谌(士信)　┌　清河太守　武(文业)　太子少傅
　　　　　　　　└　河南尹　　炳(叔文)　平东将军　坦(弘舒)
　　　　　　　　　　　　　　　　　　　　领军长史　柯(士度)

丞相掾　瑀(元瑜)　┌　武都太守　熙(　)　┌　(　)—开封令　简(茂弘)
　　　　　　　　　│　　　　　　　　　　└　始平太守　咸(仲容)　┌　太子舍人　瞻(千里)
　　　　　　　　　│　　　　　　　　　　　　　　　　　　　　　　└　广州刺史　孚(遥集)
　　　　　　　　　└　步兵校尉　籍(嗣宗)—冯翊太守　浑(长成)

巴吾令　敦(　)⋯⋯⋯⋯⋯⋯⋯⋯⋯⋯⋯⋯⋯⋯⋯⋯⋯⋯⋯太子洗马　脩(宣子)

第二节　阮籍的生平

阮籍三岁时成为孤儿，家境贫寒，在母亲的抚育下，八岁就能写作文章，"籍幼有奇才异质，八岁能属文"[1]。此时，曹操刚进号魏王不久，中原稍有安定。阮籍得以在家族为官治学传统的影响下，完成早期教育。据阮籍自述，少年时，酷爱诗书，曾立志以儒家的理想，做一番功业。"昔年十四五，志尚好诗书，被褐怀珠玉，颜闵相与期"[2]。同时，又行为轻薄，善于弦歌，"平生少年时，轻薄好弦歌"[3]。他性格放任、不受拘束，容貌奇伟不凡，傲然独得，而喜怒不形于色。《晋书》本传载：

　　或闭户视书，累月不出；或登临山水，经日忘归。博览群籍，尤好《庄》、《老》。嗜酒能啸，善弹琴。当其得意，忽忘形骸。时人多谓之

---

① 《太平御览》引《魏氏春秋》。
② 《阮籍集·咏怀诗其十五》。
③ 《阮籍集·咏怀诗其十五》。

痴，惟族兄文业每叹服之，以为胜己，由是咸共称之。

由于族兄阮武的推崇，阮籍十四五岁已为世人所知。黄初七年（226年），他随叔父去东郡①，"兖州刺史王昶（？—259年）请与相见，终日不开一言，自以为不能测"②。阮籍三十岁时，魏明帝死，八岁的曹芳继位，由宗室曹爽（？—249年）与老臣司马懿（179—251年）共同辅政。曹爽与司马懿各怀野心，广罗党羽，形成两大集团。正始初年，曹爽在何晏（195—249年）、邓飏（？—249年）的谋策之下推行新政，巩固皇室为中心的中央集权，自然伤及地方门阀世族的利益。司马氏集团敛集豪族力量伺机反扑，正始年间始终充满着诡黠、阴森的政治险恶气氛。由于这样的政治环境，阮籍对少年时代的求官明志，实践儒家政治之理想已不抱希望，对"九品中正制"于乡里选举名士为官，态度冷漠。他对曹氏与司马氏两大集团请他做官，都婉转地表示拒绝。正始初年，当时在政治上倾向于司马氏的魏最高军事长官太尉蒋济（？—249年）听到阮籍的才华，特征辟他为掾（太尉属下幕僚），阮籍不愿接受，到都亭（乡间行政公署）上书，成《奏记诣太尉蒋济》道：

伏惟明公以含一之德，据上台之位，英豪翘首，俊贤抗足。开府之日，人人自以为掾属；辟书始下，而下走为首。昔子夏在于西河之上，而文侯拥彗；邹子处于黍谷之阴，而昭王陪乘。夫布衣韦带之士，孤居特立，王公大人所以礼下之者，为道存也。今籍无邹卜之道，而有其陋，猥见采择，无以称当。方将耕于东皋之阳，输黍稷之余税，负薪疲病，

---

① 据刘汝霖先生考证，王昶任兖州刺史在黄初之末。见《汉晋学术编年》第三册，第111页。
② 《晋书》卷四十九，《阮籍传》。

5

足力不强，补吏之召，非所克堪。乞回谬恩，以光清举。

这番推辞，被蒋济误以为要以礼遇聘请，派人接他，而阮籍已离家耕于东皋。蒋济大怒，阮氏族人恐招祸，力劝阮籍就职，方勉强上任，不久借病辞官还乡，称曰："旧素疜瘵，守病委劣，谒拜之命，未敢堪任。……仲子守志，楚王不夺其灌园。……乞降期会，以避清路，毕愿家巷，惟蒙于许。"①正始前期，何晏、王弼（226—249 年）援道入儒，主张"名教"与"自然"结合，玄风乍起。隐居乡里的阮籍亦追随这一思潮的发展，作《通易论》和《通老论》，阐发"名教"与"自然"的关系。并由崇尚"自然"进而扩展至行为践行方面。把青少年时期的任性，追求时髦、新奇，变为中年时期的信仰之外化表现。正始中期，与嵇康（224—263 年）、山涛、刘伶（生卒不详）、向秀（约227—272 年）等人交游，开竹林之风。正始九年，做尚书郎时与同职王浑之子王戎（243—305 年）交友，他每次去王浑家，尚未坐定就说："和你说话真不如找你儿子阿戎聊聊。"② 当时王戎年仅十五岁③，已登"竹林七贤"之列。阮籍与竹林七贤的另外几位与己年龄相仿者几乎都在正始中后期出山为官或受到再度的征召，好像做官也是实践其放达旷远人格的一段必修课程。阮籍做尚书郎不久又以病辞，这时恰好是曹氏与司马氏集团争斗激烈，结果即将见分晓之际。曹爽召他为参军，阮籍似乎早已洞见曹氏集团支撑皇权无力，司马氏取魏而代之的禅让之戏又将开锣，故仍以病婉拒，并在这一年的秋天写作《达庄论》④。

---

① 《阮籍集校注》卷上，《辞蒋太尉辟命奏记》。
② 《世说新语·简傲》注引《竹林七贤论》。
③ 《世说新语·简傲》注引《晋阳秋》，《太平御览》卷四百一十引王隐《晋书》、《通志·王戎传》等都有"年十五而籍与交"的记载。
④ 阮籍《达庄论》载："伊单阏之辰，执徐之岁，万物权舆之时，季秋遥夜之月。"依陈垣《二十史朔闰表》，正始九年（248 年）九月朔为辛卯，故可推知作于此年。

次年（嘉平元年，249 年），司马氏集团发动政变，"（正始）十年正月，车驾高平陵，爽兄弟皆从。宣王（司马懿）部勒兵马，先据武库，遂出屯洛水浮桥。……于是收爽、羲、训、晏、飏、谧、轨、胜、范、当等，皆伏诛，夷三族"①。在司马氏大肆杀戮曹氏党羽及名士之时，阮籍因政治倾向不明显而免于灾祸，但却不得不应召做了太傅司马懿的从事中郎。这一年他写下了《咏怀诗》②：

　　　　湛湛长江水，上有枫树林，皋兰被径路，青骊逝骎骎。远望令人悲，春气感我心。三楚多秀士，朝云追荒淫。朱华振芬芳，高蔡相追寻。一为黄雀哀，涕下谁能禁。

哀叹众多追随曹氏集团的名士在政争中遇难。

　　嘉平三年（251 年）司马懿死，其子司马师继大将军位，次年，四十三岁的阮籍又做了司马师的从事中郎。或许是司马兄弟敬仰阮籍的才华，或许是为了与阮籍结为亲家，为子辈娶得他美丽的女儿。总之，阮籍官从司马氏集团后，很快封关内侯，迁散骑常侍，似乎官运通达。这时，魏帝齐王曹芳（生卒不详）被废，一批支持皇室的高官及倾向曹氏宗室的名士又遭司马氏的诛杀。阮籍处境十分窘迫，一方面在政治压力下做官，委曲周旋，掩饰自己的本意；另一方面又要保全名声，续延竹林名士的志节及放达。这做起来非常之难，无怪乎阮籍要借当时流行的服"寒食散"③（一种士族名士为养气修道炼内丹而服用的、具有毒性又能令人产生身心愉悦快感的药物），饮酒"散发"药力，以及言语不着边际，不评价人的是非来逃避现实政治的险恶无常。

---

① 《魏志》卷九，《曹爽传》。
② 《阮籍集·咏怀诗其十一》。
③ 巢元方《诸病源候总论》卷六，《寒食散发候》引皇南谧论。

司马氏需要阮籍做官，以昭世人，他们还是尊崇名士的；而阮籍身为司马氏的家臣，自知受到很大的屈辱，不得不以饮酒服药和极端的怪异荒诞行为向人们证明：自己仍然属方外之人。当然，这种近乎于"自残"的行为是让司马氏在表面上抓不到把柄的①。所以说，阮籍把官场视为飨宴豪饮的场所，用自己怪异狂饮的行为在政治风暴的中心营建起自己的山林、自己现世归隐的避风港。在其四十五岁被封关内侯的这一年，阮籍写下了《首阳山赋》和《咏怀诗》其三、其九、其十六等，以寄感伤，其中有"一身不自保，何况恋妻子"，"嘉树零落、繁华憔悴"，"素质游商声，凄怆伤我心"，"小人计其功，君子道其常。岂惜终憔悴，咏言著斯章。"②

魏正元二年（255年），司马师卒，其弟司马昭（211—265年）继大将军位。阮籍向司马昭表示曾经到过东平（今山东东平、寿张一带），喜欢那里的风土人情，司马昭立即拜他为东平相（东平王曹翕的宰辅）。东平王曹翕（生卒不详）为曹操的孙子③，其辖地为当时的文化区，名士云集。阮籍求去东平为官，既可避开司马昭初登大将军位，各方不可避免地劝进及禅让之闹剧，又能表示自己为官重在游历名景、交结风雅，过放达的日子。果然，"籍乘驴到郡，坏府舍屏障，使内外相望，法令清简，旬日而还"④。还写作了《东平赋》⑤，抒发感慨，其赋结尾有句：

> 释辽遥之阔度兮，习约结之常契。巡襄城之闲牧兮，诵纯一之遗誓。
>
> 被风雨之沾濡兮，安敢轩翥而游署。窃悄悄之眷贞兮，泰恬淡而永世。

① 《世说新语·任诞》载："阮籍遭母表期间，仍在司马昭府上饮酒，何曾劝司马昭以违礼处置阮籍。司马昭答道，他哀伤如此虚弱，你还不同情忧心？而且他有病吃些酒肉，可以更好地尽执孝礼。"

② 《阮籍集校注》咏怀五言诗其三、其九、其十六。

③ 曹操幼子、东平王曹徽之子。

④ 《晋书》卷四十九，《阮籍传》。

⑤ 《阮籍集校注（陈伯君本）》，《东平赋》。

岂淹留以为感兮，将易貌乎殊方。乃择高以登栖兮，永欣欣而乐康。

或许东平并非阮籍"登栖"之所，他过了终日酣饮，不理公事的十几天后，又回到了魏都城。这次，司马昭又任命他做大将军从事中郎，这是个极为亲近司马昭的僚属官位，常随从左右，商议机密及参与草拟文书。阮籍选择了撰写《魏书》的工作，这部书是在曹丕执政的黄初年间（220—225 年）卫颢（生卒不详）、缪袭（生卒不详）奉诏草创，一直未成，与阮籍共同撰著的还有侍中韦诞（生卒不详）、应璩（190—252 年），秘书监王沈（？—266 年）、司徒右长史孙该、司隶校尉傅玄（217—278 年）等人①。阮籍参与撰写的时间并不长，个中原由，当可推定：他不愿秉承司马昭的意志歪曲历史事实。后人曾评价这部《魏书》"多为时讳，未若陈寿之实录也"②。所以，阮籍又做了一次逃避，其他人也因各种原因未能襄助终了，"其后王沈独就其业，勒成《魏书》四十四卷"③。为了摆脱司马昭对他的"厚爱"（用其文才，欲聘其女），阮籍又求做步兵校尉，这是个文人担任的荣誉武职，位高权轻，也是阮籍一生做过的最高职位，故后人又称他为"阮步兵"。他的理由很简单：听说步兵府中厨师善于酿酒，贮存有美酒三百斛。"于是入府舍，与刘伶酣饮"④。司马昭默许阮籍的这些放任的行为，并顺势命他赴汲郡北山去探访当时著名的隐士、道教徒孙登（生卒不详）⑤。司马昭深知数次政争杀戮之后，许多政敌或潜在的反对派人士多避之山林，与道教徒相结纳。其居心明显是让阮籍代其了解在野士人的思想动向，阮籍无奈只得从命而往。相见时，任凭阮籍口若悬河，孙登一言不发，甚至目不端视阮籍。直到阮籍下山路上

---

① 《晋书》卷三十九，《王沈传》。
② 《晋书》卷三十九，《王沈传》。
③ 《史通·外篇·古今正史》。
④ 《世说新语·任诞》引《文士传》。
⑤ 《世说新语·栖逸》注引《文士传》。

长啸数声，孙登亦以幽长美妙的啸声回应，两人似乎达成了心灵的契合及信任，言谈已不那么重要了①。阮籍返后作《大人先生传》抒发自己追求的人格理想。这一年他的母亲去世了，性至孝的阮籍在其后的三年里以几乎是自残身体、无视健康甚至性命的极端方式为母亲守孝，以报抚育宏恩。

阮籍五十一岁这一年（甘露五年，260年），司马昭指使部下杀魏帝高贵乡公曹髦（241—260年），改立常道乡公曹奂（246—302年），晋代魏之势已昭然若揭。阮籍更沉醉于酒中，加之曾为母守孝三年，身体极为虚弱。当年（正始中期）竹林交游之七贤此时因不同的政治倾向，遭遇各异，而且相互关系业已疏远，七人中的代表人物阮籍与嵇康几近分道扬镳的地步。次年，在嵇康给山涛写下绝交书②，公开拒绝司马昭的征召，表明自己的政治态度之时，沉湎于酒的阮籍在精神近似于恍惚的状态下，做了一件有悖他一生追求放达理想的事情。当时，司马昭在受封晋公，食邑八郡，加九锡之后数年间，假意推辞九次的情形下，司空郑冲（生卒不详）等公卿阿谀劝进，表示效忠，事先约定请阮籍主笔撰写劝进表。阮籍恰好大醉于嵇康的好友袁准（孝尼）（生卒不详）家中，使者催其即刻拟稿，"宿醉扶起，书札为之，无所点定，乃写付使"③。阮籍不知他一时的难以逃避与一生的政治软弱已铸成了千古遗憾，后人每论及此④，不免抚额浩叹。在阮籍生命的最后二年里，他似乎已非常的麻木，精神与身体孱弱不堪，对嵇康被杀毫无反应（或许史书未得记载他在司马昭面前为嵇康求情）。总之，生命的欲念仿佛已渐离他的躯体。临终那一年，五十四岁的阮籍留下了《荐卢播书》⑤一文，这是向司马昭推举他的一个名叫卢播（生卒不详）的同乡。文中写道：

---

① 《世说新语·栖逸》注引《魏氏春秋》。
② 《嵇康集·与山巨源绝交书》。
③ 《世说新语·文学》。
④ 《阮籍集校注·为郑冲劝晋王笺》。
⑤ 《阮籍集校注·与晋王荐卢播书》。

伏维明公公侯，皇灵诞秀，九德光被，应期作辅，论道敷化，开辟四门，延纳羽翼贤士，以赞雍熙。

阮籍似乎对一切已泰然、漠然处之，不再有青年、中年时的任性放达的狂气。他在自己的生命旅程的最后时光，没有想到自己三十二岁时是如何逃避征召，拒绝从政为官的。现在反倒是他协助司马昭去征召一位三十二岁的青年才俊。他是否想让一位类似他的天才再重复他的命运和遭际？我们不得而知！不过可以从他教训他的儿子阮浑（字长成）（生卒不详）的话中，看出一些端倪，"仲容已豫吾此流，汝不得复尔"①。这意思说，我们家在放达之流中已有多人了，你不要再学我们的样子了，好好从政做官吧！阮籍是否对自己的放达有悔意？抑或怨忿那动荡、危险、血腥的年代？总之，他已觉得儿子所处的年代不必像他那样做也可以保全性命。阮籍内心当然渴望有安定的政局、能施展儒家的治世理想。人之将老易思少年之事，阮籍一生恰好在起点与终点形成一个圆：入世→出世→入世。

魏景元四年（263年），秋有兵事，钟会（225—264年）、邓艾（197—264年）率魏军大举攻蜀。入冬，蜀汉灭亡。司马昭终于接受了给他晋公的封号，逼迫魏帝禅让只是早晚之事。昔日的竹林七贤，风雅不再，有的死于非命，有的隐世绝迹，但多数从俗为官，儒道互补矣。阮籍在这凄凄惨惨的寒冬，与世长辞了，时年五十四岁。

---

① 《晋书》卷四十九，《阮籍传》。

第三节　阮籍怪异行为的精神蕴意

　　阮籍一生有许许多多怪异的行为、言谈和举止，它们既反映出阮籍的性格，又寓含他的精神底蕴。这些实在是时代、时世砥砺而成，家庭特殊遭际熏陶所致的风格。它是矛盾的、离俗悖礼的，但又是符合逻辑的。有了这些言行才能使后人正确地认识阮籍，去体察、体验、体谅这个活生生的、狂傲放诞、不拘礼法、歌哭无端、卓尔不群、玄妙难测的人物。

　　表面的怪诞与内心的焦燥贯穿阮籍的一生，《咏怀诗》其三十三①体现了其心路历程：

　　　　一日复一夕，一夕复一朝。颜色改平常，精神自损消。胸中怀汤火，变化故相招。万事无穷极，知谋苦不饶。但恐须臾间，魂气随风飘。终身履薄冰，谁知我心焦②。

　　这种贯穿于阮籍一生的矛盾心态的根源恐怕以其本传中的一段话来诠释最为恰当：

　　　　籍本有济世志，属魏晋之际，天下多故，名士少有全者，籍由是不与世事，遂酣饮为常。

　　　　尝登广武，观楚汉战处，叹曰：时无英雄，使竖子成名！

---

　　① 《阮籍集校注·咏怀五言诗其三十三》。
　　② 此诗与何晏的诗："鸿鹄比翼游，群飞戏太清。常畏大纲罗，忧祸一旦并。"有异曲同工之妙。

阮籍的怪异反映了其胸怀大志、心念济世，又感生非其时，无法建功立业，甚至不能以常态保全性命的痛苦心境。这种痛苦加上其特殊的生活遭际，使其怪异大体表现为几个方面：

第一，"至慎"、"未尝臧否人物"①。阮籍在官场上从不评论时事，不议论人物的是非得失，言谈抽象难懂，常顾左右而言他。李康（生卒不详）《家诫》②已载了司马昭对他的评价：

> 昔尝坐于先帝（司马昭），时有三长史俱见临，辞出。上曰："为官长当清，当慎，当勤。……三者何先?"或对曰："清固为本。"复问吾，吾对曰："……慎乃为大。"上曰："卿言得之矣。可举近世能慎者谁乎?"……上曰："……然天下之至慎者，其唯阮嗣宗乎! 每与之言，言及玄远，而未尝评论时事，臧否人物，可谓至慎乎!"

司马昭以阮籍的"至慎"做为其官吏应遵循的首要准则，用意十分明显。而阮籍从在正始中后期"竹林之游"时"任性不羁"、"傲然独得"，到一入官场即异常谨慎，这看似十分矛盾，但更能说明阮籍为求生存，对自身极大的克制，掩盖本性，胸怀汤火的痛苦。

第二，"酣饮为常"③。阮籍为官之前的饮酒行为完全是时代风气所致。魏晋玄学的兴起使汉末道教的服散、炼丹、饮酒发散赋予了新的意义。醉酒可以体验"无"的状态；可以"当其得意、忽忘形骸"④；可以按人的先天本性自然而然地冲动；可以远离尘世，了悟本体。竹林七贤"七人常集于竹林

---

① 《世说新语·德行》。
② 《世说新语·德行》注引李康《家诫》。
③ 《晋书》卷四十九，《阮籍传》。
④ 《晋书》卷四十九，《阮籍传》。

之下，肆意酣畅"①。然而，阮籍官隶于司马氏之后，其饮酒的意蕴发生了重大的变化。为官不仅悖于阮籍本意，且处事遵循官场常规对其更是污辱，但又不可能公开地拒绝这一切，否则杀身之祸旋踵即至，只好以酒浇愁，抒解心中积郁。故王忱评价"阮籍胸中垒块，故须酒浇之"。阮籍政治上比起同是竹林七贤领袖人物的嵇康，甚是软弱，醉酒是掩饰这一弱点，摆脱政治困境的最恰当的、使人无从抓住把柄的方式了。阮籍饮酒寓意避隐的行为有：

1. 司马昭为儿子司马炎（236—290 年）向阮籍女儿求婚，阮籍大醉六十日，司马昭只好作罢。

2. 钟会三番五次问阮籍对时政的看法，想从中寻找破绽，致阮籍于死地。阮籍均饮酒至大醉不与之言语。

3. 以步兵府厨师善酿酒为由，离大将军从事中郎职，求为步兵校尉，到任后终日醉酒。

4. 虽离开大将军府官职，但每宴必至，每至必醉。

5. 朝中众官劝司马昭进晋公爵位，命阮籍写劝进表。阮籍饮酒忘掉起草文章，后使者催稿，趁醉成文。

阮籍既然做了司马昭的家臣，内心的苦楚是可想而知的，他唯一的反抗就是以醉酒表示自己仍属"方外之士"，阮籍的这种自残行为，实质是为了昭示人们：他依然有个人的尊严，他无力开罪于任何人，只有戕伐自身的肉体。所以，在当时白色恐怖之下，才有这样的场面：

> 晋文王功德盛大，坐席严敬，拟于王者。唯阮籍在座，箕距啸歌，酣放自若②。

---

① 《世说新语·任诞》。
② 《世说新语·简傲》。

第三，"不拘礼教"。阮籍反礼教之言行可以从其所处时代及其个人遭际两方面来看。其一，政治昏暗，黑白颠倒，礼教完全成为政治杀戮的凭借，以致令阮籍"不平之极，无计可施，激而变成不谈礼教，不信礼教，甚至反礼教"①。此类的行为有：

1. 遭母丧仍去大将军府赴宴饮酒。

2. 友人裴楷（生卒不详）吊唁其母，阮籍披头散发，随意伸开双腿坐在地上，醉眼惺忪直视裴楷。

3. 母亲丧礼上见礼俗之士，视而不见，翻白眼对之。见到嵇康来访，才正眼相看，热情款待。

4. 母亲去世时，正与人下围棋，对方请求中止，阮籍坚持要下完以决出胜负。

5. 比喻礼法之士如裤子中的虱子，躲在臭棉絮之中，靠吸吮人血过活。

史书举阮籍母丧之时的违礼行为，对其一生其他的违礼行为算是最具代表意义的了。阮籍这种反礼教行为又与饮酒、不臧否人物混杂在一起，才会有"至为礼法之士所绳，疾之如仇，幸赖大将军（司马昭）保持之耳"② 的结果。

其二，自幼成为孤儿的阮籍对母亲、对女性有相当的依恋与尊崇：

1. 母亲亡故下葬时，饮酒二斗，痛哭不已，吐血数升，以致毁瘠骨立，几乎丧命。

2. 任职于大将军府时，有司法官报案说，有人杀母。阮籍当众说："杀父还可以，怎么竟然杀母呢？"满座惊其失言，司马昭责问："杀父是天下极恶，你怎么说还可以？"阮籍答道："禽兽知母而不知父，杀父者是禽兽之类。杀母者连禽兽都不如。"众人悦服。

---

① 鲁迅《魏晋风度及文章与药及酒之关系》。
② 嵇康《与山巨源绝交书》。

3. 阮籍的嫂子回娘家，阮籍去送别。有人讽其悖礼，他说："礼教难道是给我设置的呀！"

4. 邻居家妇人有美色，当垆卖酒，阮籍常去饮酒，醉了就卧躺在少妇身旁。少妇的丈夫一开始怀疑阮籍的动机，后发现毫无恶意。

5. 一位军人的女儿很有才华，美丽出众，却未出嫁就死了。阮籍与其父兄一家素不相识，听说后竟前往吊唁致哀，痛哭一场才离去。

阮籍幼年的遭遇使他既恋母又怜己，对人生中的纯真（如母爱子）竭力移情于其他女性，期望所有美丽的女性都像自己的母亲一样慈祥，都能给孤寂的自己一分关爱。台湾的庄万寿先生说："阮籍除性格受母亲的影响外，在心理防卫机制上，是由'退行作用'心理反应回到幼稚的时代，把一切好感的女性，转化成母亲，自己变成那么幼小，那纯真行为可以任意放肆，则一个婴儿赤子，他可以跟任何女子相见相别，甚至于同眠相卧，可以去哭吊不识女子之丧。"[①]

第四节　阮籍的著作

阮籍一生著述甚丰，后人整理成集。《隋书·经籍志》称梁代有《阮籍集》十三卷、录一卷，至隋只著录为十卷。两《唐志》著录五卷，《宋史·艺文志》著录十卷，焦竑（1540—1620 年）《国史经籍志》著录十三卷。然而，《四库全书总目》卷八十五《崇文总目》提要说："《宋志》纰漏颠倒，瑕隙百出。"卷八十七提要说："（焦竑《志》）从钞旧目，无所考核。"又言及两《唐志》著录阮集卷数定是抄录于《隋志》，没有实见其书。可见《阮籍集》是随朝代更迭，陆续散佚的，唐宋时仅存五卷。

---

① 庄万寿《阮籍与嵇康》，发表于《魏晋南北朝文学与思想研讨会论文集》，1993 年 4 月于台北。

明代刻本《阮籍集》中，以嘉靖年间陈德文（生卒不详）、范钦（生卒不详）刻二卷本《阮嗣宗集》为最早。此外有：万历、天启年间汪士贤（生卒不详）辑刻的《汉魏诸名家集》本《阮籍集》；天启、崇祯年间张燮（生卒不详）编《七十二家集》中的六卷本《阮步兵集》；明末张溥（1602—1641 年）辑《汉魏六朝百三名家集》本《阮步兵集》；正德年间李梦阳（1473—1530 年）序刊本《阮嗣宗诗》一卷。近人编注的阮籍著作有：1957年人民出版社出版的黄节（1873—1935 年）《阮步兵咏怀诗注》；1978 年上海古籍出版社出版的李志钧等校点的《阮籍集》；1987 年中华书局出版的陈伯君的《阮籍集校注》。这些新版本较全面地收录了流传于世的阮籍的著作、赋、诗、书、笺、赞、诔、奏记等。

从目前所能辑刊于世的阮籍著作看，能代表其思想的大致有：《乐论》、《通易论》、《通老论》、《达庄论》和《大人先生传》等。此外数量不多的辞赋、散文及大量的《咏怀诗》，不仅寓含了他的政治抱负、人格理想、心理寄托，也标示着他的文学天才和造诣。

《乐论》是一篇关于礼乐与政治之关系的文章，中心在阐述为何儒家说"移风易俗，莫善于乐"[①]。这篇文章的写作年代较难断定，但从其内容看，儒家色彩较浓，当属阮籍"济世志"比较强烈的早期著作，阮籍本传中未提及《乐论》，而称《大人先生传》的观点"此亦籍之胸怀本趣也"，说明为其立传者以阮籍中晚年的思想为其主流。若从《乐论》所讨论的内容与魏时代思潮相关涉，对确定其撰写时间是大有帮助的。大陆的丁冠之先生认为，《乐论》大致写于魏明帝末年至正始初年间（238 至 240 年），"魏明帝奢靡，耽于声色之好，乐和政的关系成了当时所关心的问题"[②]。王葆玹先生认为，

---

① 《孝经·广要道章》。
② 辛冠洁主编《中国古代著名哲学家评传》续编二，齐鲁书社，1984 年版，第105 页。

"阮籍《乐论》无论如何应在刘劭之后。……刘劭（生卒不详）《乐论》初撰成时正赶上'明帝崩'，那么阮籍《乐论》应撰于正始元年以后。又夏侯玄（209—254 年）在出任征西将军以前曾著论对阮《论》加以驳斥，则阮《论》应撰于正始五年以前"①。笔者倾向于在魏明帝景初二年（238 年），明帝死前一年写作。因为，魏明帝青龙三年（235 年）开始，大兴上木，修筑宫室。其后二年内不顾群臣上疏反对，大建苑林；采民女以充后宫庭掖；徙长安大铜镶于洛阳；用大量战马向吴国易换珠玑、翡翠、玳瑁等，极尽奢华。当时朝臣高堂隆上书力谏，引用周景王铸大钟失制和历代帝王耽于淫乐而德衰政亡以诫明帝。明帝却认为，"兴衰在政，乐何为也?"② 而阮籍《乐论》也引用了周景王铸钟失制的例子，并在文中虚拟一"刘子"发问："（乐）有之何益于政，无之政何损于化?"③ 很明显指的就是明帝的奢华声色之好。

再者，阮籍此时二十九岁，虽未出仕，然而早已有才名，意气风发，有一展儒家理想的济世抱负，故对时政极为关心。《乐论》一文洋洋洒洒，为一主题竟牵扯至多儒家典籍、学说，以及鲜明的礼教思想与政治主张，显然不仅是写给帝王或乡选里举的"中正官"看的，而更是一种亟欲出仕一展抱负的"自荐书"。所以，在明帝死后第三年，太尉蒋济闻其才名，辟为僚属。至于刘劭"著《乐论》十四篇，事成未上，会明帝崩，不施行"④，并不能说明他写在阮《论》之前，反而可能是在野的阮籍之著启发了这位四朝老臣。说到夏侯玄在正始初年任征西将军时作《辨乐论》与阮籍论争，可以做这样的解释：正始三年（242 年）阮籍做了蒋济的僚属后，在朝中自然与"太和之辨"的名士夏侯玄以及乍起正始玄风的曹爽集团的名士们有交往。对于"自

---

① 王葆玹《正始玄学》，第 140 页。
② 《三国志·魏书·高堂隆传》。
③ 《阮籍集·乐论》。
④ 《三国志·魏书·刘劭传》。

然"与"名教"、"有"与"无"等理论问题的理解，夏侯氏与阮氏或许有不同，加上夏侯属魏宗室，对偏向于司马氏集团的蒋济多有不敬，对其僚属称雄一时的才华予以挑衅式的拮抗实属自然之事。或许因为此事，阮籍看到、悟出曹爽与司马懿的争斗，所以不久便辞官，之后在正始玄风的影响下思想发生变化，并在正始中后期与嵇康等人开始"竹林之游"。

《通老论》与《通易论》的主旨是说明"名教"与"自然"的关系，体现了儒道结合的思想，这与正始年间玄学思想恰好吻合①。当时，玄风乍起所重道家著作，依次为《周易》、《老子》、《庄子》号"三玄"。但在正始初年，何晏（195—249 年）、王弼（226－249 年）、夏侯玄所重为《易》、《老》，《庄》书很少涉及。阮籍《通老论》有句：

　　　《易》谓之太极，《春秋》谓之元，老子谓之道②。

此言引自桓谭《新论》，只是少了一句"扬雄（前 52—18 年）谓之玄"③。而玄学诸人是非常重视"玄"的，扬雄的《太玄》受老子"道生一，一生二，二生三，三生万物"之启发，以"三进制"排列组合，成九九八十一卦，说明万物之本质。玄学不仅重视"三"这个数，更看重"玄"这个概念，以致夏侯玄撰《本玄论》，使玄学蔚然成学术主流。而阮籍《通老论》不提"玄"字，一种可能是写于《本玄论》之前，正始四年（243 年）即辞官归隐之后；另一种可能是因《乐论》受夏侯玄驳斥，故不附和他的"玄论"，写于正始六年。

---

　　① 丁冠之先生亦有此论，见辛冠洁主编《中国古代著名哲学家评传》续编二，第 107 页。辛旗《中国历代思想史·魏晋隋唐卷》，第 62 页。

　　② 《阮籍集·通老论》。

　　③ 《后汉书·张衡传注》。

《通易论》是在玄学"易"说革命思潮之下的产物。王弼的"大衍义"使汉末今古文之争后走入"爻象"之学死胡同的易学重现生机,赋予了本体论的哲学意义。王弼明确地将《淮南子》"伏羲为之六十四变,周室增以六爻"① 变更表述为"伏羲既画八卦即自重为六十四卦"②,此一新义在当时易学领域甚为时髦。阮籍的《通易论》中有句:

> 庖牺氏布演六十四卦之变;后世圣人观而因之,象而用之。禹、汤之经皆在,而上古之文不存;至乎文王,故系其辞,于是归藏氏逝而周典经兴③。

王弼注《周易》之后,何晏曾与管辂(208—255 年)"共论《易》九事,九事皆明"④,时间在正始九年。加上阮籍《通易论》中提倡"佐圣扶命,翼教明法","尊卑之制",与正始九年后他自己肇兴提倡庄子学说,反对名教判然有别。可见,此书约撰于正始七年或八年。

《达庄论》标志着玄学思潮的转变,"正始玄学"向"竹林玄学"过渡⑤,《庄子》一书开始受到重视。阮籍《达庄论》开篇即写道:

> 伊单阏之辰,执徐之岁,万物权舆之时,季秋遥夜之月。……怅然而无乐,愀然而归白素焉。平昼闲居,隐几而弹琴⑥。

---

① 《淮南于·要略》。
② 《周易正义·卷首》。
③ 《阮籍集·通易论》。
④ 《魏志·管辂传》引《管辂别传》。
⑤ 辛旗《中国历代思想史·魏晋南北朝隋唐卷》,文津出版社,1993 年版。
⑥ 《阮籍集·达庄论》。

据《左传·昭公七年》:"日月之会是谓辰"。杜注曰:"一岁日月十二会,所会谓之辰。"《尔雅·释天》:"太岁在卯曰单阏,在辰曰执徐。"若依照陈垣(1880—1971年)先生《二十史朔闰表》查对。正始九年九月朔为辛卯。再看"平昼闲居,隐几而弹琴"句,可以断定《达庄论》写作于正始九年(248年)秋。《达庄论》在否定名教时尚未完全抛弃君臣之制,这与阮籍后来在《大人先生传》中的无政府,极端仇视名教、礼制的思想是有区别的,恰好反映了他从"济世志"转变为"越名教而任自然",鄙夷礼法,主张无君的思想变迁之过程。

《大人先生传》最能代表阮籍思想的本质,这是在"正始玄学"向"竹林玄学"转变之后,庄子(约前369—前286年)之学盛行;在当时险恶的政治环境下,阮籍所追求人格理想的自然流露、大胆的流露。阮籍本传中称他作此书"此亦籍之胸怀本趣也",《竹林七贤论》也说:"(阮籍见孙登)归遂著《大人先生传》,所言皆胸怀间本趣,大意谓先生与己不异也。"① 此书著作时间可以考证的因素有三:其一,"文帝(司马昭)闻之(孙登),使阮籍往观"②,阮籍在正元二年(255年)司马师死后,又任其弟昭的从事中郎,甘露元年(256年)求任步兵校尉。其二,据刘汝霖先生考证,嵇康在阮籍之后拜访孙登,时间为甘露三年(258年)③。其三,阮籍遭母丧在甘露元年(256年)。综合以上三因素,阮籍作《大人先生传》的时间是在往见孙登之后,遭母丧守孝之前,约为甘露元年任步兵校尉之时。《大人先生传》的写作蕴含有几多辛酸:阮籍奉司马昭之命往观孙登,是协助司马氏监视在野反对势力的行动;孙登并未给阮籍面子;阮籍崇敬孙登的人格,慨叹自己的处境。所以,阮籍毅然用文字表达他对"礼法"的反动,对理想人格的追求,对官宦生活的厌恶。他很

---

① 《世说新语·栖逸》注引《竹林七贤论》。
② 《晋书·孙登传》。
③ 刘汝霖《汉晋学术编年》第四册,第28页、第30至32页、第43至45页。

明显地要与司马氏集团划清界限，"这是他一生中最勇敢的一篇作品"①。

阮籍的《咏怀诗》正像严羽（生卒不详）所评价的，"厥旨渊放，归趣难求"②，千余年来以其特有的魅力，为人推崇。关于其近百首诗的意旨，历代评论不一，沈约（441—513 年）称之为"忧生之嗟"，比较恰当。后世许多研究阮籍者，参照其所处政治背景将每一首诗都寻其本义，与政治事件相配合，这不免有些附会，枉生穿凿之意。当然，确有一些诗作是有感而发。但细细品味并结合魏晋文学、思想、社会发展之主脉络，就会发现：阮诗体现的是一种时代的情怀：即对生命的渴望，对时世的悲哀。请看《咏怀》其三十五：

愿为云间鸟，千里一哀鸣。

笔者十分赞赏李泽厚、刘纲纪先生的观点："阮籍的整个思想，正是留存在他身上的建安时代积极精神遭到无情压抑和打击的产物。……说明了在魏晋风度的'玄远'、超脱后面包含着一种不可解脱的人生悲苦。"③

---

① 庄万寿《阮籍与嵇康》，《魏晋南北朝文学与思想学术研讨会论文集》，文津出版社，1993 年版，第 769 页。
② 《沧浪诗话》。
③ 李泽厚、刘纲纪主编《中国美学史》第二卷上，第 165 至 166 页。

第二章　阮籍所处时代的特征

第一节　庄园经济与人格独立

东汉末年，与中央集权官僚体制相适应的"名教之治"因皇权与宦官勾结，压制官僚地主与士族知识阶层，而趋于崩溃。与社会结构相应的文化价值体系发生了巨大的变化，由谶纬化儒家经学转向新的道家自然主义。当时，社会结构三大构件（经济制度、政治体制、社会组织）的经济制度表现为坞堡经济（或称庄园经济、豪族经济）；政治体制为皇权衰弱状态下的军阀割据；社会组织表现为人身依附的部曲与各类士族知识分子集团。在这一大的社会形态的变迁过程中，以坞堡经济为基础的魏晋士族社会取代了以宗法小农经济为基础的汉代官僚社会。

汉代的中央集权官僚社会形态，由仅拥有土地使用权的宗法小农（包括地主）、官僚阶层与皇权集团（包括内宦、外戚势力）自下而上构成金字塔形结构。官僚在替皇权管理社会时形成的各种关系成为社会组织的基本形式，官僚的产生是通过对宗法小农阶层的察举征辟，以及官僚集团后代对教育享有特权

23

来实现的。官僚在经济上依赖国家俸禄及权力的滥用（如贪污受贿等），在政治上按行政体系形成人身依附关系。社会的主体官僚集团因为没有独立的政治、经济地位，也不可能有独立的人格和具有独立判断能力的思想。皇权统摄一切，汉代经学束缚下的官僚所追求的人格理想不外乎循规蹈矩的"敦朴"、"方正"、"忠厚"之士，就如同默默地在皇田上耕耘，按时交纳赋税的农民。

东汉末土地兼并激烈，大地主向豪族据地挑战皇权的趋向发展，庄园经济兴起。东汉崔寔（？—170年）的《四民月令》和王符（80—162年）的《潜夫论》都对庄园有所论及，这些庄园不仅具有经济上自给自足的农业、手工业，还拥有保护庄园的部曲之类的半农半兵的准军事武装，形成割据的雏型。特别到汉末黄巾暴动，军阀混战之后，庄园的军事作用以及独立性更加明显。这些都是后来魏晋士族人格独立、思想解放、文学艺术革命的客观物质基础。仲长统（180—222年）在论及人生理想时，揭示了庄园经济与人格独立之间的内在联系。《后汉书》卷七十九，《仲长统传》载：

> 常以为：凡游帝王者，欲以立身扬名而名不常存。人生易灭，优游偃仰可以自娱。欲卜居清旷以乐其志，论之曰：使居有良田广宅，背山临流，沟池环匝，竹木周布，场圃筑前，果园树后，舟车足以代步涉之难，使令足以息四体之役……。良朋萃止则陈酒肴以娱之，嘉时吉日则烹羔豚以奉之。蹰躇畦苑，游戏平林，濯清水、追凉风、钓游鲤、弋高鸿。讽于无雩之下，咏归高堂之上。安神闺房，思老氏之玄虚；呼吸精和求至人之仿佛。与达者数子论道讲书，俯仰二仪，错综人物，弹南风之雅操，发清商之妙曲。逍遥一世之上，睥睨天地之间，不受当时之责，永保性命之期。如足则可以陵霄汉出宇宙之外矣，岂羡夫入帝王之门哉！

这反映出当时面临乱世且人格长期受禁锢的官僚阶层知识分子的普遍

24

心态。

当然，庄园和稍后的坞堡经济都是以农民对豪强士族的绝对人身依附，丧失自由，退为农奴为条件的。这种看似退步到夏商周三代的经济制度实际上是与之不同的，它的主角不再是宗法血缘的皇亲，而是有知识传承统绪的士族。庄园中农奴的人身依附却造就了士族的人格独立、经济独立。这就在原来社会结构中酝酿出一个新的社会组织——士族集团，士族集团之间的各种联系，形成了士族社会。在士族社会中，因为各自有独立的人格，故而可以平等地交往。正如王晓毅先生说的："要求在学术上平等交谈，自由聚会；在思维方法上要尊重理性；在人性论上要求'自然'；在政治上要求君主'无为'。这些变化都是玄学产生的广阔的思想背景。"①

士族人格的独立是建立在对庄园农奴的剥削与奴役的基础上的，为使士族社会稳固，士族集团一方面鼓励衰弱的皇权重新建立纲常名教，另一方面则建立等级森严的门阀制度，保证对知识、对经济、对政治的垄断。这决定了士族集团的双重性格：学术上追求道家，阐扬平等的人格；政治上宣扬儒家，维系等级封建制度。不论如何，士族集团因为有了庄园经济的奥援，其人格的独立所造就的魏晋自然主义与玄学，在历史进程中是有极大的进步意义的。

庄园、坞堡经济也是一种极富于老庄哲学色彩的生活方式。那时，士族集团中的知识分子在傍山临水、自给自足、风光秀雅的庄园中，弹琴赋诗、对酒啸歌、清谈玄理、纵情山水，充分享受大自然带给人心灵上的超脱、乐趣。魏晋士族集团曾数度掀起营造庄园的热潮，使汉末魏初军阀吸收流民，组建军队，自备粮秣的"屯田制"彻底瓦解。早期玄学名士大都是庄园经济的倡导者及受益者，正始玄学名士和竹林名士也多是破坏屯田制的急先锋。

---

① 王晓毅《中国文化的清流》，中国社会科学出版社，1991年版，第47页。

如何晏在正始改制中，恢复中央集权官僚制度，打击军阀屯田割据，同时自己也扩建庄园，"共分割洛阳野王典农部桑田数百顷，及坏汤沐地以为产业"。玄学名士裴秀也"占官稻田"①。曹爽的长史应璩在给同僚写信时说："欲求远田，在关之西，南临洛水，北据芒山，托崇岫以为宅，因茂树以为荫。"②竹林七贤中的山涛，"占官三更稻田"③；王戎"区宅僮牧，膏田水碓之属，洛下无比"④；向秀"与吕安灌园于山阳，收其余利，以供酒食之费"⑤；嵇康在山阳亦有庄园。这些都决定了士族集团"浮华交会"，大兴玄风已是不可遏制的趋势，就是要充分地表达人格独立后，主观上的、理性和感性的体验。东晋简文帝司马昱（生卒不详）在邺都仿建魏时洛阳华林园，游玩时大发感慨："会心处不必在远，翳然林水，便自有濠、濮间想也，觉鸟兽禽鱼自来亲人。"⑥ 这就是庄园经济的玄学特征和道家风格。

晋初司马氏集团因镇压曹氏集团曾殃及玄学名士，但司马师（208—255年）、司马昭（211—265年）也曾在魏太和年间名登"浮华少年"之列，他们也是士族集团中人。政归司马氏之后，他们继续了正始曹爽、何晏的改制措施，破坏屯田制，发展庄园经济，直至以"占田法"和"荫户制"为基础恢复分封制度。晋初分封制度的建立完全符合士族集团的要求，今人王仲荦教授深刻地指出："尤其是经过武装过程的世家大族的要求。他们建立起小王国——庄园以后，想用旧的五等封建制度（笔者注：公、侯、伯、子、男五等爵）作为外衣，来披在新的封建制上，经过名正言顺的法定手续，来承认

---

① 《晋书》卷三十五，《裴秀传》。
② 《宋书》卷六十七，《谢灵运传》注引《与程文信书》。
③ 《晋书》卷四十一，《李憙传》。
④ 《世说新语·俭啬》。
⑤ 《御览》卷四百零九引《向秀别传》。
⑥ 《世说新语·言语》。

他们小王国的独立主权。"①正是如此，有了经济、政治上的独立主权，才使魏晋士族集团知识份子的人格独立起来、学术独立起来。但是，也造成了弊端：分封之后的"八王之乱"与士族集团官僚阶层不务实政和绝对玄虚，追求脱离现实生活的绝对的人格独立。晋以后士族对玄学的承袭，往往是取其抽象内容而弃其独立的人格精神及探索的理性思辨，这使玄学流于虚浮、空泛。以至于后人更将晋的覆亡及其后的数百年分裂局面归罪于夏侯玄、何晏及王弼等人首创的玄学。昧乎？悲乎？

第二节　政争杀戮与生命意识

东汉和帝以后，诸帝多冲龄即位，外戚与宦官集团为争权相互残杀。至灵帝时，先后有窦宪（？—92 年）、邓骘（？—121 年）、阎显（？—125 年）、梁冀（？—159 年）、窦武（？—168 年）、何进（？—189 年）等外戚集团在政争中失败。失败一方所遭受的杀戮是极其惨烈的，窦宪及诸兄弟"皆迫令自杀"，党羽"皆下狱诛"②；梁冀宗族多被迫自杀，"诸梁氏及孙氏（其妻族）中外宗亲送诏狱，无少长皆弃市……其他所连及公卿列校刺史二千石死者数十人，故吏宾客免黜者三百余人，朝廷为空"③；窦武之溃，"枭首洛阳都亭，收捕宗亲、客、姻属，悉诛之，及刘瑜、冯述，皆夷其族"④；何进竟被宦官斩首于"嘉德殿前"⑤。权力的争夺也波及到官僚知识分子，他们多反对宦官集团把持朝政、毁坏原本有章可循的官吏体制。于是有道德良知

① 王仲荦《魏晋南北朝史》，上海人民出版社，1979 年版，第 210 页。此观点王仲荦先生参考了陈寅恪先生《崔浩与寇谦之》一文，载于《岭南大学学报》第十一卷第 1 期。
② 《后汉书》卷二十三，《窦宪传》。
③ 《后汉书》卷三十四，《梁冀传》。
④ 《后汉书》卷六十九，《窦武传》。
⑤ 《后汉书》卷六十九，《何进传》。

的中央上层及地方部分官僚与太学生联合，发起"清议"运动，受到宦官操纵之皇权的镇压，桓、灵之际竟成两次"党锢之祸"。杨震、栾巴、刘陶、李云、杜乔、刘瑜、李固、陈蕃（？—168年）等一大批清正官僚，或被迫自杀，或遇害狱中，或暴尸断首于街衢①。宦官势力被军阀翦除时，一次也被杀二千余人。

东汉末年，黄巾大起义被各地方军阀镇压，史书屡载："斩首数万级"，"斩首七千余级"，"获首三万级，赴河死者五万许人"，"首获十万余人，筑京观于城南"，"复斩万余级"②。后军阀混战，生民涂炭，西北杂有大量胡、羌族人的董卓（？—192年）军入洛阳后，纵兵烧杀淫掠。一次派人赴阳城，值百姓春社大典，纵兵围杀，斩男子首级悬于车辕马首，虏妇女抢财物，满载而归，声称"击贼大胜"③。董卓被王允杀后，部将李傕、郭汜攻入长安，"放兵虏掠，死者万余人"。后二人内哄，长安一带又遭滥杀，"二三年间，关中无复人迹"④。建安七子之一的王粲用诗记下这今天读来犹不觉泪下的情景：

> 出门无所见，白骨蔽平原。路有饥妇人，抱子弃草间。顾闻号泣声，挥涕独不还。未知身死处，何能两相完？驱马弃之去，不忍听此言。南登霸陵岸，回首望长安。悟彼下泉人，喟然伤心肝⑤。

就连为在群雄间立足、争霸，杀人如麻的军阀曹操也发出"生民百遗一，念之断人肠"⑥的慨叹。

---

① 以上诸人诸事均见《后汉书》各本传。
② 《后汉书》卷七十一，《皇甫嵩朱儁传》。
③ 《后汉书》卷七十二，《董卓传》。
④ 《后汉书》卷七十二，《董卓传》。
⑤ 《文选》卷二十三，《哀伤》。
⑥ 《曹操集》，中华书局，1974年版，诗文《蒿里》。

黎民为避战乱，四处流离，悲痛难以言述，当年汝南"月旦评"的主角，望族名士许靖（生卒不详）去南方避乱还返中原投奔曹操上书写道：

正礼师退，术兵前追；会稽倾覆，景兴失据；三江五胡，皆为虏庭。临时困厄，无所控告。便与袁沛、邓子孝等涉沧海。南至交州，经历东瓯、闽、越之国，行经万里．不见汉地，漂薄风波，绝粮茹草，饥殍荐臻，死者大半。既济南海，与领守儿孝德相见，知足下忠义奋发，整饬元戎，西迎大驾，巡省中岳。承此休问，且悲且喜，即与袁沛及徐元贤复共严装，欲北上荆州。会苍梧诸县夷、越蜂起，州府倾覆，道路阻绝，元贤被害，老弱并杀。靖寻循诸岸五千余里，复遇疾疠，伯母陨命，并及群从，自诸妻子，一时略尽。复相扶侍，前到此郡，计为兵害及病亡者，十遗一二。生民之难，辛苦之甚，岂可俱陈哉①！

曹操主控中原之后，因实施刑名之治，法家之道，对稍有异议的士族知识分子亦采取屠杀政策，先后诛杀名士孔融（153—208年）、许攸（生卒不详）、杨修（175—219年）、娄圭、崔琰（生卒不详）等。其子曹丕也杀魏讽（？—224年）、曹伟等名士。到魏正始年后，司马氏集团在政争中得胜，不仅大杀名士，对魏帝持同情态度的地方官僚、将领也大加杀戮。先后杀夏侯玄、李丰（？—251年）、张辑、毋丘俭（？—252年）、诸葛诞（？—254年）等人。杀诸葛诞时，"斩诞，传首，夷三族。诞摩下数百人，坐不降见斩，皆曰：'为诸葛公死，不恨。'"于是，数百人列队对天拱手，不跪，每杀一人，身体才倒下去，直至最后一人②。

---

① 《三国志》卷三十八，《许靖传》。
② 《三国志·魏书》卷二十八，《诸葛诞传》及注引干宝《晋纪》。

如此时代，整个社会各阶层都没有生命的基本保障，随时面临着死亡的威胁。人们突然感到：生命是何等的脆弱，人生如此短暂。一种超越日常生活直达信仰层面的生命意识萌发了，人的生命成为知识份子思考的主题。产生于东汉末年的古诗十九首为这种生命意识定下了凄楚悲凉、眷恋慨叹的基调：

> 生年不满百，常怀千岁忧。昼短苦夜长，何不秉烛游？为乐当及时，何能待来兹？愚者爱惜费，但为后世嗤。仙人王子乔，难可与等期。

> 浩浩阴阳移，生命如朝露。人生忽如寄，寿无金石固。万岁更相送，圣贤莫能度。服食求神仙，多为药所误。不如饮美酒，被服纨与素。

> 古墓犁为田，松柏摧为薪。白杨多悲风，萧萧愁杀人。思还故里闾，欲归道无因。

这种对人生的感伤与留恋的社会氛围在建安年以后，迅速在贵族、士族与知识阶层弥漫开来。曹氏父子与建安七子推波助澜，"对酒当歌，人生几何，譬如朝露，去日苦多"（曹操）；"人亦有言，忧令人老，嗟我白发，生亦何早"（曹丕）；"人生处一世，去若朝露晞"（曹植）（192—232 年）。魏建之后，名士们反覆吟唱着同一感伤，阮籍有"人生若尘露，天道邈悠悠，……孔圣临长川，惜逝忽若浮。"对生命感伤的意识已对当时的社会心理与意识形态产生了重大的影响。李泽厚先生认为："这个核心便是在怀疑论哲学思潮下对人生的执著。表面看来似乎是如此颓废、悲观、消极的感叹中，深藏着的恰恰是它的反面，是对人生、生命、命运、生活的强烈的欲求和留恋。"[①]

对生命的执著与留恋，使当时的士族知识分子力图寻找到一种现实的人

---

① 李泽厚《美的历程》，文物出版社，1983 年版，第 89 页。

生归宿，以排遣对死亡的焦虑与恐惧。曹丕对以文章"立言"的论述，最能反映社会动荡，道德崩溃，政治昏暗，建功业无异于走向死途的景况下，惟舍弃立德、立功，专注于"立言"，方可把握永恒，达到人生之不朽。曹丕在《典论》中道：

> 盖文章经国之大业、不朽之盛事。年寿有时而尽，荣乐止乎其身。二者必至之常期，未若文章之无穷。是以古之作者，寄身于翰墨，见意于篇籍，不假良史之辞，不托飞驰之势，而声名自传于后。故西伯幽而演《易》，周旦显而制《礼》，不以隐约而弗务，不以康乐而加思。夫然，则古人贱尺璧而重寸阴，惧乎时之过已。而人多不强力，贫贱则慑于饥寒，富贵则流于逸乐，遂营目前之务，而遗千载之功。日月逝乎上，体貌衰于下，忽然与万物迁化，斯志士之大痛也①。

有了文章不朽的观念，加之对生命无常的切身体会，以及道德修养在乱世的废弛，那么，利用有限的人生及时享乐应属自然而然之事，算是乱世的副产品。"不如饮美酒，被服纨与素"②；"何不策高足，先据要路津"③；"斗酒相娱乐，聊厚不为薄。驱车策驽马，游戏宛与洛"④ 亦成士族知识分子充分把握生命，实践生命意识的物化表现方式。建安七子之一、曹操的儿子曹植的生命情景颇能说明这一点，"时天暑热，植因呼常从取水自澡讫、傅粉。遂科头拍袒，胡舞五椎锻，跳丸击剑，诵俳优小说数千言"⑤。曹氏父子倡导的建安文学及其生活方式，是生命意识最直接的表现和张扬，它不仅决定了中

---

① 《文选》卷五十二。
② 古诗十九首。
③ 古诗十九首。
④ 古诗十九首。
⑤ 《三国志》卷一，《魏志·王粲传》附《邯郸淳传》注引《魏略》。

原知识界的主流趋向于此，也带动了另外两个分裂地域吴国和蜀国知识界风气的变化。生命意识的萌发是一次精神的大解放，它最先以文学的自觉及对生命的充分放纵来实现。那时的知识分子在屡遭离乱悲苦之后，一边对生活纵情享受；一边对心灵深处的积郁用笔尽情地渲泄、抒发。"写哀伤，写凄苦，写如梦的岁月，写惨淡的人生，写悠悠的思念，写浓浓的乡愁，写遍野的白骨，写满腔的愤懑"①。"'清峻、通脱、华丽、壮大'的文风，写出了一个鲁迅先生所称的'文学的自觉时代'"②。自觉之后的、有主体意识的人，面对更多的精神痛苦，他们需要更多的解脱形式。

第三节　名士风尚与魏晋风度

汉代经学名教所要求的社会楷模是忠臣孝子、志士仁人；魏晋玄学对人性的解放，其所要求的是超逸脱俗的名士。东汉末社会战乱频仍，死亡的社会氛围决定了礼教及各类生活规范显得那么多余且迂腐，加上被压抑了数百年的先秦名、法、道诸家重新兴起，道教盛行，社会风气开始大变，呈现出驳杂、开放的局面。而玄学名士们的言行、容貌、衣着、举止最能体现当时的时尚，历史上统称之为"魏晋风度"。魏晋风度在学术思想上表现为玄学思潮，在社会行为上则需借助一系列的物化行为来体现，如社会交往活动中放达怪异；服寒食散、饮酒、行散；精于音乐，喜好啸咏；美仪容、傅粉、褒衣博带，等等。

魏晋士族知识分子在突破名教、礼法束缚之后，不再盲目地崇拜圣人、忠孝节义之士，而是开始崇拜自己，崇拜那种对生命短暂有所认知之后的欲

---

① 马良怀《崩溃与重建中的困惑》，中国社会科学出版社，1993年版，第90页。
② 《鲁迅全集·而已集·魏晋风度及文章与药及酒之关系》。

望冲动。他们所看重的人的价值在于不受外物牵累的个性自然，所轻蔑的是为达成世俗功利目的而人为地修饰个性。崇拜自己、欣赏自己的第一步就是"美姿容"。东汉清议运动中，人们就曾把道德的楷模外在化为神仙的气质和风度，使重仪表流行开来。至魏士族名士竟仿效前人"胡粉饰貌"①，将女子的嗜好学过来，再加上名士多贵族门第出身，姿容气度非同一般，傅粉自然能增其清丽的色彩。如正始名士何晏"性自喜，动静粉帛不去手，行步顾影"②，阮籍"容貌瑰杰"③，嵇康"风姿特秀，岩岩若孤松之独立，其醉也，傀俄若玉山之将崩"④，王戎"神采秀彻"⑤。美仪容也是对汉代淳朴、古拙的审美观念的背弃，趋向虚华与外在的亮丽，表达人性内在对美的追求。

以自己为崇拜的对象，自然就要求每个人按自己的个性去生活，嘻笑怒骂，悉听尊便，无论其好坏，毋须用世俗的价值来衡量，不管是慷慨抑或吝啬，是局促抑或放达，是尖刻抑或宽容，只要是顺从了个人的天性，就是率真、尽性，就是美好的。这就造就了名士社会交往中千奇百怪的言行举止，《世说新语》一书的记载最为典型，现撷来几则以明其蕴：

> 王戎有好李，卖之，恐人得其种，恒钻其核⑥。
>
> 阮光禄在剡，曾有好车，借者无不皆给。有人葬母，意欲借而不敢言，阮后闻之，叹曰："吾有车，而使人不敢借，何以车为？"遂焚之⑦。
>
> （刘伶）肆意放荡，以宇宙为狭，常乘鹿车，携一壶酒，使人荷锸随

---

① 《后汉书》卷六十三，《李固传》。
② 《世说新语·容止》注引《魏略》。
③ 《世说新语·容止》注引《魏略》。
④ 《世说新语·容止》。
⑤ 《晋书》卷四十三，《王戎传》。
⑥ 《世说新语·俭啬》。
⑦ 《世说新语·德行》。

之，云："死便掘地以埋。"土木形骸，邀游一世①。

南阳宗世林，魏武同时，而甚薄其为人，不与之交。及魏武作司空，总朝政，从容问宗曰："可以交未？"答曰："松柏之志犹存。"②

嵇申散（康）临刑东市，神气不变，索琴弹之，奏"广陵散"。曲终，曰："袁孝尼尝请学此散，吾靳固不与，"'广陵散'于今绝矣！"③

人是自然性与社会性同时兼备方成为社会的人，汉代经学、礼教对人的自然性压抑过甚，到魏晋一旦打破名教的囚牢，自然性即无束不缚地公开表露出来。士族名士的社会交往中，率性而不拘礼仪成为普遍现象，葛洪在《抱朴子》中指责士族"礼教渐颓，傲慢成俗"，"专以嘲弄为先"，"或亵衣以接人，或裸袒而箕踞"④。他尚未理解刚刚摆脱名教的士人是多么需要在外在形式上以极端的行为来否定礼教。对礼教最彻底的否定体现在丧葬仪式上，汉代重厚葬之风，居丧守孝之礼，摧残人性至极。魏晋名士们则重在哀情的表达，丧仪不拘一格，把吊孝变为抒发自身情感的凭借，甚至会因为死者生前爱好听驴叫，而在灵前模仿驴鸣，"王仲宣（粲）好驴鸣，既葬，文帝临其丧，顾语同游曰：'王好驴鸣，可各作一声以送之。'"⑤

魏晋士族名士品性、举止、言行上那种展示自己，在率性的自宠下欣赏自己的作为，对礼教的冲击很大，但他们绝不在社会政治体系上彻底摧毁名教。他们的悖礼行为多少都有些艺术、文学的韵味。比如魏晋曾针对音乐的功能，声有否哀乐展开争论，归结一点，都触及到音乐的非政治功利性的问题。大多数名士都精通音律，善于演奏乐器，他们将音乐视为自我精神升华

---

① 《世说新语·文学》注引《名士传》。
② 《世说新语·方正》。
③ 《世说新语·雅量》。
④ 葛洪《抱朴子·疾谬》。
⑤ 《世说新语·伤逝》。

的途径。嵇康、戴逵（？—396年）、贺循（260—319年）的琴，阮咸、谢尚（生卒不详）的琵琶，桓伊（生卒不详）的笛，王敦（生卒不详）的鼓，都"自足于怀抱"①。嵇康作《琴赋》其中有一段话，颇能说明名士对音乐的看法：

> 物有盛衰而此无变，滋味有厌而此不倦。可以导养神气，宣和情志，处穷独而不闷者，莫近于音声也。

魏晋名士还找到了一种独特的，抒发情感的音乐形式，这便是"啸咏"。啸为有声无音之音，咏则为拖长音调朗诵诗文。啸不同于口哨，而是蹙口运气发出悠长舒缓的长音。据唐人所撰《啸旨》，称其来源于古老的道家。魏晋名士将啸赋予了新的时代意义，一方面满怀忧愤，浩然宣泄；另一方面又体现玄学"言不尽意"，以一种彼此理解的主观色彩极强的啸音，表达思想情境，尤其是不可名状的悲哀和愁怅，惟有长啸方可尽情。故《啸赋》称这种艺术形式：

> 慷慨而长啸，发妙音于朱唇；……心涤荡而无累，志离俗而飘然②。

咏是配合诗文的朗诵形式，也非常讲究声调技巧，亦为名士风雅之一。

魏晋士族知识分子生命意识张扬，破除礼法曾显出巨大的艺术与哲学的创造力，但他们又必须承受巨大的精神苦闷：其一为理想与社会现实的冲突；其二是仇视名教，但又希望以名教重建有秩序的社会生活，这种矛盾加上他

---

① 《三国志》卷二十一，《王粲传》注引嵇喜《嵇康传》。
② 《艺文类聚·十九》引《啸赋》。

们内心不可名状的苦痛，迫使他们竭力寻找各种方法得以解脱，甚至不惜通过强烈的感官刺激或肉体、精神的自我摧残。于是服寒食散、酗酒、褒衣博带、赤身裸袒、持尘尾踏木屐、扪虱而谈，蔚然而成风尚。

寒食散是东汉医圣张仲景（生卒不详）依照其《伤寒论》的理论发明的一种调理人体阴阳平衡，治疗痼疾的剧毒药剂，有许多种配方。因其服用后除饮热酒外，饮食一律吃冷，故称"寒食散"。食此药后，毒力发作，除产生巨大的内热，还伴有幻觉和快感的产生，但必须以一整套繁琐的办法，如饮酒、散步、冷水浴、寒卧，并严守禁忌与调息之法（皇甫谧（215—282 年）曾归纳为五十一条，调息法包括"六反"、"七急"、"八不可"、"三无疑"、"十忌"①）将"毒热"发散掉。裴秀（224—271 年）、王戎、皇甫谧、殷颙等名士服散后都曾因发散不当，招致死亡、残疾、失明、全身腐烂等后果。正始年间，何晏也许受道士引诱服了寒食散"非唯治病，亦觉神明开朗"②，不排除会有类似今日吸毒后的不可名状的快感③，甚至可能会提振人的性能力。从此后，士族名士争相服用，形成服散狂潮，持续了五百多年，不知残害了多少人的性命，并使多少人以自我摧残为乐事。

名士服散既要占用大量的时间出行散步，又要耗费许多钱财饮上等的醇酒来帮助发散。这造成了出游与酗酒之风盛行，服散的人经常处于微醉的状态，如果用药猛烈，还要连醉数十日以发散，阮籍当年大醉六十日拒绝司马昭为子求婚，很可能用的是服药发散的方式逃避。不过，魏晋名士酗酒不单是为了服散发散，更重要的是通过饮酒的混沌精神状态，逃避社会现实，摆脱世俗规范，体验与"自然"同体混一的感觉。名士刘伶著《酒德颂》道：

---

① 余嘉锡《寒食散考》引《病源》及《医心方》卷十九。
② 《世说新语·言语》。
③ 贺昌群《魏晋清谈思想初论》，商务印书馆，1947 年上海版，第41 页。

……惟酒是务，焉知其余。有贵介公子，搢绅处士，闻吾风声，议其所以，乃奋袂攘襟，怒目切齿，陈说礼法，是非蜂起。先生于是捧罂承糟，衔杯漱醪，奋髯箕踞，枕曲藉糟，无思无虑，其乐陶陶，兀然而醉，怳尔而醒①。

鲁迅（1881—1936 年）先生把服散饮酒的时尚与魏晋名士的生活习俗、文化心理、服装样式联系在一起，指出："吃了散之后，用冷水浇身；吃冷东西，饮热酒……因为皮肉发烧之故，不能穿窄衣，为预防皮肤被衣服擦伤，就非穿宽大衣服不可。现在有许多人以为晋人轻裘缓带、宽衣，在当时是人们高逸的表现，其实不知他们是吃药的缘故，一班名人都吃药，穿的衣都宽大，于是不吃药的，也跟着名人，把衣服宽大起来！还有，吃药之后，因皮肤易于磨破，穿鞋也不方便，故不穿鞋袜而穿屐。所以，我们看晋人的画像或那时的文章，见他们衣服宽大，不鞋而屐，以为他一定很舒服，很飘逸了，其实他心里都是很苦的。更因皮肤易破，不能穿新而宜于穿旧的，衣服便不能常洗，因不洗，便多虱。所以在文章上，虱子的地位很高，扪虱而谈，当时竟传为美事。"② 所以说，魏晋名士放达不羁、裸袒宽衣、喜怒无常、酗酒无度、歌哭无端，甚至母丧饮酒不哭等怪异行为均与服药行散有直接的关系，构成魏晋风度的主要特征。

魏晋风度的外在表征以上均已简述，它显现的是一种个性绝对自由的飘逸、超脱。然而，魏晋风度的内在精神却是执着、深重、悲凉、抑郁、无奈的。它与外在表现构成巨大的矛盾与冲突，这种冲突正如上节所论根源于魏晋士族知识分子自身精神的内在矛盾，即追求理想的、人格的、自然的"自

---

① 《晋书》卷四十九，《刘伶传》。
② 《鲁迅全集·而已集·魏晋风度及文章与药及酒的关系》。

我"，却又期望整个社会的组成者要遵从秩序、伦理，要保持现实的、社会的、礼教的"自我"。这是一个时代的悲剧，是社会剧变、思想解放之后，无所傍依，"前无古人，后无来者"的巨大的历史孤独意识。

第三章　阮籍与玄学思潮

第一节　玄学思潮的兴起

汉武帝"罢黜百家、独尊儒术"之后，与齐鲁之地的方士道、阴阳家思想相结合的儒家取代了汉初以来占统领地位的黄老之术。至汉哀帝、平帝之际，谶纬之说大盛，以至凌驾于经学之上，摒儒家中的经学为外学，自谓儒家内学。当时，鬼神灾异迷信之说弥漫思想界。刘秀（前6—57年）建东汉之后，有理性的思想家，如扬雄（前52—18年）、王充（27—约97年）、张衡（78—139年）等运用当时的天文及自然科学知识批驳谶纬迷信，并以先秦老庄道家理论为奥援。王充首开了儒典《易》与道家书《老子》相结合论述自然的先例，将"道生一，一生二，二生三，三生万物，万物负阴而抱阳，冲气以为和"① 中的"一"，直接表述为"一气"②。这种朴素唯物论之思想，

---

① 《老子》第四十二章。
② 王充《论衡·谈天》。

实为日后扭转谶纬迷信，扫清经学繁琐之本体论哲学的萌芽。

东汉自和帝以后至质帝，皇室衰弱，外戚当道，把持了选拔官吏的"乡选里举"制度。国家储备官吏的太学及各地士族知识份子对此不能容忍，他们所受儒家经学教育内容充满了道德、向善的理念，对政治上的失德行为深恶痛绝。此时，走博士官——公卿，太学生——官吏之路的士人愈来愈多。到桓帝时，宦官助皇帝诛外戚后，吏治更为腐败，出身寒门之士几无晋身之阶，于是不平则鸣，故匹夫抗愤、处士横议。一批代表庶族地主和平民利益的官吏，对腐败政治猛烈批判，与古文经学对谶纬儒学的批判相互唱和，蔚然而成"清流"。这股"清流"与"天人感应"今文经学的官方意识形态及昏暗的朝政相抗衡。同时，"被赶出朝廷而成为纯粹学术的古文经学也与士族知识阶层及太学生集团的'清议'运动相结合，酿成一股强劲的社会批判、怀疑思潮"①。而宦官集团为维护利益，利用皇权压抑这股思潮，以"浮华"、"交会"为口实，制造二次"党锢之祸"，杀戮、监禁异己人士。这是继秦始皇焚书坑儒以来第二次思想大镇压，"汉帝国是建立在以儒教为国教的基础上的，以孝悌维系家与宗族，并推展到乡党，凭借道德力而不必依赖警察力来统治。但党锢之祸所打击的正是一批维系帝国为儒教道德国家的士人，故等于是一种自杀行为"②。鉴于此种景况，知识界及官吏开始将入世建功的理想，转向出世修养，老庄道家学说，倍受重视。如经学大师郑玄（127—200年）的弟子任嘏（生卒不详）作《道论》十卷，钟繇（151—230年）著《老子训》，虞翻（164—233年）、刘表（142—208年）等人皆注《老子》，老庄之说逐渐被思想界置于和儒家经典相同的位置，回归道家自然主义的风气骤起，为后起之"正始之音"玄学定下主调。

———————————

① 辛旗《王符的社会批判思想与东汉末年清议思潮》，《甘肃社会科学》1994年第3期。
② 郑钦仁《乡举里选——两汉的选举制度》，收入《中国文化新论·制度篇》，联经出版事业公司，1982年版，第206页。

东汉末腐败政治使亦官亦学的士人心灰意冷，不愿再主动承负社会良心的责任，游心于道家的"独善其身"。与此同时，经学作为官方的意识形态（指带有浓重谶纬色彩的今文经学）也走入死胡同。有幸此时的经学大师郑玄、王肃（195—256 年）之间的争议改变了经学发展的方向。"郑、王二人融今古文经学方法，把汉儒苦心整理那些被秦火毁坏的儒家经典的章句训诂方法推陈出新，遍注《诗》、《书》、《易》、《礼》、《春秋》、《孝经》、《论语》群经，破除经学各派的隔阂"①。然而，这两位经学大师的努力并未挽救经学的颓势，他们之间关于经学方法论的争议更加速了经学走向衰亡。王肃把郑玄业已篡改的汉代经学方法，干脆再来一次扭曲，他在批驳郑玄易字释经的同时，又更变古训，"王肃不好郑氏学，人之所见不同亦何害？乃必有意与郑乖异，甚且不惮改经、改古人相传之古训，以申其所独见"②。郑玄遍注群经，建立通学，已破汉经学家法；王肃进一步突破循先人训诂、考据解经，背离汉经学，使主观认识渗入经学之中，从而使考据训诂在学术上的地位骤降，义理探究、主观发挥渐成风气。

汉末魏初，学术界藉郑王之争偏离经学轨迹之大势，解放思想，跳出经典训诂考据之藩篱，在剧变的时代，认真地考虑人与自然的关系，人与人的关系，人与社会的关系。天道观，自然与名教，"有"与"无"成为新的探讨主题。摆脱儒家经学羁绊之后，学界的首要任务就是对比儒、道两家的异同。起初，知识层未废弃六经，仍以孔子（前551—前479 年）为圣人。为体面地、顺乎自然地从经学转向道家，他们选中了儒道两家天道观的联系作为起点，因为《易经》象数之学所强调的"大衍之数其一不用"与《老子》的"道生一，一生二，二生三，三生万物"之说极可比附。这样，《老子》、《庄

① 辛旗《中国历代思想史·魏晋南北朝隋唐卷》第二章《魏晋玄学的思想源流》，文津出版社，1993 年版，第 36 页。
② 《皇清经解》卷三百八十九。

子》、《周易》三书就成为义理探究的必备教材，道家的"天道"与儒家的"天人之际"通过这三本书融合为"玄远之旨"，三书合称为"三玄"，玄学的学术基础由此奠定。

经学发展方向的转变与各地士族知识分子在汉末魏初的"清议品评风尚"及"名理"思潮是同步的。二次党锢之祸后，士人慑于残酷的杀戮，清议再不牵涉朝政，而变为地方士族知识分子相互激励的一种道德行为，并与民间乡饮酒礼相结合。当时最有名的清议品评大师是许劭（150—195年）兄弟及郭泰（128—169年），"劭与靖俱有高名，好共核谕乡党人物，每月辄更其品题，故汝南俗有月旦评焉"①。郭泰的清议品评引用老庄的概念，使人物评价与哲学思辨结合起来。东汉覆亡，群雄并起，清议品评成为各地方割据军阀招贤纳士、争夺人才的线索。清议主流所在的中原地域，曹魏政权推行法家之术，任才不任德，清议名士如孔融之流坚持道德论人品类之方式，又遭杀身之祸。知识阶层不得不改"清议"为"清谈"，不多涉及具体实质内容与是非得失，宁愿运用先秦"名家"之说引出一些高妙抽象的争论，做些逻辑上的和文字上的游戏。

清谈之风影响到官场，一大批官吏配合魏武帝曹操的法术，在官制上为"唯才是举"做"名实相符"的名理论证，导致名理思潮勃兴。魏晋的名理应用先秦名家的"名实之辨"的逻辑方法，综括孔子的"正名"之义，老子（约前571—前472年）的"无名有名"之说，韩非（约前280—前233年）的"刑名"之旨，创出一种庞杂的形而上学认识方法。名理思潮在魏文帝曹丕在位时有了施展的机会，曹丕颁定的"九品中正"选官制度需要以抽象的逻辑归纳方法品评士人的等级，量才授官。魏初名理思潮集中在人的才性问题上，比较务实，谈才性者多是名士兼官吏，如刘劭、傅嘏（209—255年）、

①《后汉书》卷六十八，《许劭传》。

钟会等。钟会是郑玄门生钟繇之子，他总结了与傅嘏谈论的才性问题，将才性归结为"用"与"质"之间的关系，开启了通向"有无"、"体用"、"言意"等诸多抽象思辨命题的大门。从钟会以后，名理思潮所探究的重点远避开政治人事，指向"有无"、"体用"、"言意"、"名教自然"等纯粹哲学问题，"才性名理"逐渐走向"玄学名理"，玄学开始具有本体论哲学的实质内涵。

魏正始年间对《易》研究方法上的突破，最终使玄学在理论上站稳脚跟，彻底跳出汉代经学阴阳五行谶纬迷信的怪圈，成为独立的学说，创造了中华思想史上第一个真正的哲学本体论。魏初，易学受名理思潮冲击，亦吸收"义理"方法，一些汉末经学大师的后裔或门生纷纷在治易时对爻象、数术、互体等方法发难。钟繇之子钟会主张"易无互体"，开始摒弃象数，用老子之说解释《易经》。与钟会同样年轻的天才哲人王弼承袭荆州易学派以扬雄《太玄》解《易经》、以王充《论衡》入道家理论殿堂的思维脉络，作《易·略例》讥讽"互体"方法，开创新易学，用老庄的"有无"之论一扫爻象对应阴阳五行的谶纬方法。王弼甚至摆脱朴素唯物论所言"气"的本体观，直论万物存在的抽象根据。正始时期，玄学名士们的思维开始拔出具体物象演绎的沼泽，直飞抽象思辨的广阔天空。尤其是王弼对《易·大传》"大衍之数五十，其用四十有九"的新解释，引出了"有无"、"言意"、"体用"等哲学本体论层次的问题。王弼借《老子》的"无"与《易经》的"太极""一"相黏合，"《老子》云有生于无，语亦为汉儒所常用。但玄理之所谓生，乃体用关系，而非谓此物生彼（如母生子等），此则生其所生，亦非汉学所了解之生也。汉学元气化生，固有无物而有气之时（元气在时空以内）。玄学即体即用，实不可谓无用而有空洞之体也（体超时空）"[1]。正始年间玄学对《易经》

① 《汤用彤学术论文集》，北京中华书局，1983年版，第249页。

解释方法的突破，是对先秦抽象思辨的回归；是人主观思辨能力的解放；是有意识建立超越物象的本体哲学。"此中有真意，欲辩已忘言"是对这种抽象思辨方法的形象概括。

汉末魏初，玄学兴起所带来的思想大解放是大一统政治崩溃之必然结果，此间个人的主观主体意识对时代思想之发展起着偌大的作用。旧易学、汉经学的固守者荀氏家族及管辂等人曾鄙斥用老庄思想解《易经》的人是"背爻象而任心胸"。"任心胸"真是对抽象思辨风采及人的主体意识觉醒的恰当概括。玄学诸人哪一个不是超然物外、任心胸呢？由于方法论的突破，才使玄学在自然、名教、天道、人生、艺术各领域都有了超越先秦、两汉的崭新思想。

魏晋玄学因蕴孕着人格觉醒后的反思，所以不仅表现为理性思辨，还富有极其强烈的感情色彩。那个时代的诗文、绘画、书法、雕刻，理论上依赖玄学而发展，表现形式上，深沉、浪漫、飘逸、玄远集于一身。只有在大悲、大喜、大开大阖、大灾大难的时代方能凝炼出这等的气魄："至人无宅，天地所容；至人无主，天地所有；至人无事，天地为故"，"世之名利胡足以累之哉！"[1]"目送归鸿，手挥五弦，俯仰自得，游心太玄"[2]；"生命何几时，慷慨各努力"[3]；"笼天地于形内，挫万物于笔端"[4]；"纵浪大化中，不喜亦不惧，应尽便须尽，无复独多虑"[5]。这些名句所抒发的是天人之间的情怀；是超越时空的永恒体验；是把握人生、宇宙之真谛后，语言无拘无束的自然流露。

---

① 《阮步兵集·大人先生传》。
② 《嵇中散集·赠秀才入军》。
③ 《阮步兵集·咏怀诗其一》。
④ 陆机《文赋》。
⑤ 《笺注陶渊明集》，《读山海经》。

第二节 正始名士的清谈

曹魏黄初年到正始年的一段时期，政界一直存在着有关"改制"的争论。"追踪上古"① 一派主张对政治制度实质性变革，对"改正朔"不感兴趣；他们背弃"五行三统"② 的政治法则，以玄学或形而上学为理论基础。相反，"取法三代"③ 一派则以"三代"（夏、商、周）之"古"，对抗"上古"（三皇五帝）之"古"：坚持汉代以来的五行三统的政治法则以及阴阳五行谶纬的哲学体系。魏明帝时，"取法三代"一派得势，玄学思潮受到压制；魏齐王芳正始年间，"追踪上古"派得势，导致五行三统法则的终结和玄学清谈的全面复兴。

正始玄学毫不例外地如所有传统学说一样"究天人之际"。其论"人"就是治国经世之政治理论，正始改制就是此理论的实践。其论"天"就是玄学清谈，是对汉代经学谶纬的彻底清算，她越过了三代而走"追踪上古"之道，跳出了五德终始和三统循环的窠臼，形成了新的理论体系。崭新的学说需要崭新的形式，玄学的产生就是在当时知识阶层、王公贵族的各类学术辩论的聚会之中悄然而成风势。

正始玄学的清谈是汉末清谈的继续，而二者又都是政治清议和社会变革在理论上的反映。正始玄学清谈蔚然成风有一酝酿的过程，魏文帝曹丕黄初末年，荀粲（生卒不详）认为，"子贡称夫子之言性与天道，不可得闻，然则六籍虽存，固圣人之糠秕"，圣人的"象外之意，系表之言，固蕴而不出"④。荀粲开始贬低"六经"，欲申扬圣人本旨，带有极大的个人主观自觉意识。到

---

① 夏侯玄致书司马懿云："公侯命世作宰，追踪上古。"实际司马懿是主张"效法三代"的。
② "三统"即天统、地统、人统，"五行"指水、火、木、金、土。五行三统以阴阳五行说明王朝更迭，其理论基础是谶纬象数之学。
③ 《魏志·傅嘏传》："然儒生学士咸欲错综以三代之礼。"
④ 《魏志·荀彧传注》引何劭《荀粲传》。

魏明帝太和年，清谈出现了高潮，荀粲到京邑与傅嘏谈，裴徽（生卒不详）于中协调，荀粲又与夏侯玄过从甚密。"何晏、邓飏、夏侯玄并求傅嘏交，而嘏终不许，诸人乃因荀粲说合之"①。此时清谈的内容多为"好老庄言"②，对《周易》尚不重视，未形成完整的"三玄"玄学，可视为正始玄学清谈的准备。但这次清谈高潮仅维持两三年，魏明帝太和四年（230 年），因"浮华交会"（聚众辩论、引导新思想）之罪名，何晏、邓飏、夏侯玄、丁谧、李胜等都被"免官废锢"③。直到魏齐王芳正始初年，才得以复出。

魏齐王曹芳在魏明帝去世后由曹爽、司马懿辅政，因曹爽系魏宗室，且军权在握，一时权倾。曾在明帝时受排挤的"追踪上古"改制派（同时也是玄学名士）开始有了转机。同样与魏宗室有极深渊源的何晏受到力图改制，打击豪强，提高皇权地位的曹爽的重用与拔擢。于是，明帝时遭禁锢的"浮华交会"之徒重得官位，成为当权派，并着手在"天"（哲学）"人"（政治）两方面进行大的改革。有关政治改革的内容本书从略，仅侧重谈其造就的玄学。

从现存史料看，正始前六年，名士清谈的组织者是曹爽和何晏，最具代表性的清谈有两次：其一由曹爽组织，何晏在辩论中取胜④；其二由何晏主持，王弼脱颖而出⑤。此时，夏侯玄在长安主持对蜀作战军务。正始名士清谈开始"三玄"（《老》、《庄》、《易经》）兼顾，《周易》的内容大量地在谈辩中引用。至正始七年之后，夏侯玄参与清谈，著《本玄论》，正始改制亦大规模实施，这标志着玄学思潮的正式确立。正始元年至八年可谓玄学清谈的第一阶段，此时的清谈基本上符合"三玄"的原则，即以伏羲、文王、孔子为圣，以老庄为"上贤亚圣"。认定圣人体道而不论道，体无而不说无；上贤不

---

① 《世说新语·识鉴》。
② 《魏志·曹爽传》附《何晏传注》，称晏"少以才秀知名，好老庄言"。
③ 《魏志·诸葛诞传注》引《世语》。
④ 《世说新语·文学》："何晏为吏部尚书……王弼未弱冠往见之。"
⑤ 《北堂书钞》卷九十八引《何晏别传》："曹爽常大集名德，长幼莫不与会。"

能体道却乐于论道，不能体无却常言无①。正始八年以后，玄学清谈明确地以《易》、《老》、《庄》为主要内容，此时社会政治方面的改制业已落实，自曹丕禅代东汉之后的"追踪上古"派宣扬了四十余年的新制度（包括选官制度、中央地方机构编制和等级礼教制度）由理想变成了现实。然而，皇权的巩固无疑打击了豪强世族，司马懿为代表的"效法三代"派伺机反扑，清谈名士们一方面对曹爽刚愎自用、"骄奢"、"专竞"无可奈何；另一方面忧心忡忡地注视"加变易朝典，政令数改，所存虽高而事不下接，民习于旧，众莫从之"的局面②。名士们开始重新反思改制的理论基础——"三玄"：强调"追踪上古"须与三代以来的名教相贯通，阐发"上古之道"与"三代之治"的本末体用关系③。《周易》更受重视，被视为上古与名教的双重经典，注《易》成为学界一时的风尚。上一阶段玄谈中是《易》助《老》、《庄》，到此阶段可称：《老》、《庄》助《易》，玄学更加成熟，更为精致化、理论化。

与正始玄学两个阶段的划分一样，正始名士的玄学著作可分为老学、易学两类。两类都是"三玄"结合，但前者以老子学说为主，后者以易学为主。而且，老学盛行于正始八年以前，易学风起于正始八年之后。如夏侯玄《本玄论》、何晏《道德论》都采用《老子》笺注形式，都在正始八年以前成书。正始九年何晏向管辂问《易》九事，夏侯玄著述也向易学转移。管辂认为"注《易》之急，急于水火"，反映出知识界对玄学主流的关切。正始八年后，钟会作《周易尽神论》、《周易无互体论》，王弼作《周易注》。

正始八年之所以成为玄学清谈、著作二阶段的分水岭，其根源仍是改制。正始前期，对东汉名教之治及曹魏刑名之治不满的学者，归附于亟欲重振的

---

① 指正始初年裴徽与王弼的讨论："时裴徽为吏部郎，弼未弱冠，往造焉。徽一见而异之，问弼曰：'夫无者诚万物之所资也，然圣人莫肯致言，而老子申之无已者何？'弼曰：'圣人体无，无又不可以训，故不说也。老子是有者也，故恒言无，所不足（也）。'"
② 《三国志·魏书》卷二十八，《王凌传》注引《汉晋春秋》。
③ 王葆玹《正始玄学》，齐鲁书社，1987年版，第116页。

皇权，以改制带动学术上彻底否定汉经学。"农黄之化，在乎己身；周孔之业，弃之度化"成为玄学的政治标签，《老》、《庄》成为改制的依据。正始八年后，改制完成，弊端出现，加之旧势力的反对，改革风雨飘摇。玄学需要给新制以更强的理论根基，需要一种与汉经学一样的具有逻辑体系的较为精致的理论模式，这样一来，《易》学成为玄学的主流。

正始名士的代表是何晏，他也是改制与兴起玄学思潮的领导者。但是，他代表的玄学名士们所处政治集团（"追踪上古"派）的首领曹爽偏偏是个只重物质享乐与权力攫取，单纯以皇权压制豪族的凡夫庸才。这决定了正始名士们的命运是非常悲惨的，也决定了魏晋玄学以后的发展方向——即逐渐地远离现实政治与社会。正始九年，司马氏父子与曹爽、何晏两大集团的斗争白热化，而且强弱之势日趋明朗，许多有识之士，包括曾是玄学名士的官僚，已察觉司马懿将取得优势。他们纷纷退出政治漩涡观望时局，如山涛于官舍半夜惊醒，弃官而逃；阮籍托病向曹爽辞官回乡。何晏虽已预感到形势严峻，但事已至此，骑虎难下。正始九年十二月，何晏与象数学家、筮卜术士管辂谈易学，竟在相谈义理十分投缘之后，求管辂为其算命。管辂一反常态地仅用易经《谦卦》、《大壮卦》义理告诫何晏谦逊谨慎，居安思危。后来，何晏写下一首五言诗表达自己的感受①：

> 鸿鹄比翼游，群飞戏太清。
>
> 常畏大网罗，忧祸一旦并。
>
> 岂若集五湖，从流接浮萍。
>
> 承宁旷中怀，何为怵惕惊。

---

① 《世说新语·规箴》注引《名士传》。

第三节　竹林名士与"越名教而任自然"

当正始名士将玄学研究的重点转向《周易》，从更抽象的层次去探究理想完美的人格，去调和个体与社会、自然与名教之冲突的时候，一场因政争引发的兵变切断了玄学家们的思维脉络，改变了玄学发展的方向。魏齐王嘉平元年（正始十年，249年）正月，太傅司马懿趁大将军曹爽等随驾奉齐王芳谒高平陵之机，发动兵变，一举网罗了"追踪上古"派及曹爽集团的主要成员，旋即杀掉曹爽、曹曦以及何晏、丁谧、邓飏、毕轨、李胜、桓范（？—249年）等大批名士，"皆夷及三族，男女无少长，姑姊女子之适人者皆杀之"①。一时间血雨腥风，"名士减半"②。司马氏父子把因改制触及世族暨建安旧臣利益的一场政争变成了篡魏削弱曹氏宗亲的屠杀行为，原本支持司马氏的如蒋济、孙礼一班魏室老臣发觉被利用，但为时已晚。司马氏的屠刀已对准了所有的人，随时排除阻碍他们篡魏的人。嘉平二年，继大将军位的司马懿之子司马师杀掉了讥讽恢复中正选官是袒护门阀的玄学名士夏侯玄、李丰、许允等，随即废齐王芳另立高贵乡公曹髦。几年后，司马师之弟大将军司马昭又杀掉高贵乡公，以至于"司马昭之心，路人皆知"。

早在正始末年，玄学迅速分化，原与何晏、王弼"玄远"之说不同的"名理才性"论者，如傅嘏、钟会等完全倒向司马氏集团，这也因为"才性名理"一派恪守"名教"，被主张"效法三代"的司马氏集团赏识。玄学中"才性名理"派与司马氏结合后，立即丧失了名辨色彩，实质上已非玄学。高平陵之变后的几年中，正始之音消逝了，正始名士大都被"才性名理"派唆

---

① 《晋书》卷一，《宣帝纪》。
② 《三国志》卷二十八，《王凌传》注引《汉晋春秋》。

使司马氏以严守孔孟礼法名教的名义杀戮迫害。稍远于政治漩涡的玄学名士或避于山林，或改变反抗的方式。当年（正始八年、九年），为迎合正始玄风又回避朝中改制之争，民间玄学名士的"竹林之游"①，到此时竟然以高举庄子学说之旗帜俨然成为新的玄学主流，阮籍、嵇康、刘伶等人为主要代表，他们是改变反抗方式的一群名士。

竹林名士代表着一大批玄学知识分子在血腥镇压的政治恐怖氛围中，对君王之制开始厌恶，对"名教"恨之入骨。因为司马氏集团在动手杀戮曹氏集团以前一直谦卑地自诩为"三代礼教"的信奉者和"效法三代"以改制的正宗维护人。而事实证明他们不仅虚伪，而且贪婪残暴，儒学礼教完全成为他们堂而皇之屠杀异己的凭借。阮籍在其所著《大人先生传》中悲愤地说道：

> 君立而虐兴，臣设而贼生，坐制礼法，束缚下民。欺愚诳拙，藏智自神。强者睽视而凌暴，弱者憔悴而事人。假廉以成贪，内险而外仁。

今人马良怀认为："鉴于此，竹林名士抛弃了旨在调和个体与社会，自然与名教之矛盾的道本儒末理论模式，开始了理论上的新探索，由此产生出阮籍、嵇康、刘伶等人所建构的'越名教而任自然'的重建模式。"② 竹林名士们暂时停止了正始玄学抽象的理论思辨，将对天道的探索完全转向对人格、人性，人与社会之关系全面反思。"超名教而任自然"就是这种反思的结论，而反思所运用的理论武器就是道家名著《庄子》，竹林名士是庄子学说的倡导者，这仿佛是冥冥中的安排：玄学初期老子学说盛行；玄学创立易经学说盛行；玄学转向时庄子学说盛行，似乎"三玄"都有其时代赋予的特征。

---

① 《三国志·魏书·王粲传》注引《魏氏春秋》："（嵇）康寓居河内之山阳县……与陈留阮籍、河内山涛、河南向秀、籍兄子咸、琅琊王戎、沛人刘伶相与友善，游于竹林，号为七贤。"

② 马良怀《崩溃与重建中的困惑》，中国社会科学出版社，1993年，第109页。

"越名教而任自然"思想是在司马氏掌权后否定曹爽、何晏改制，恢复旧礼法制度，"取法三代"之下公开提出来的，具有很强的针对性。就是要反对司马氏褒扬的儒家礼法名教，就是要"非汤武而薄周孔"①。"任自然"一方面表明了竹林名士对司马氏政治上的不合作态度；另一方面是"以庄周为师"塑造理想人格，追求个人的主体意识，从生命存在以及与万物的关系上体验人的价值。竹林名士的政治倾向决定了他们的"理想人格"具有反社会的性质，而他们的社会实践与个人生活行为更证实了这一点。反社会崇尚自然的结果，必然是珍惜人生，珍惜能达到精神超脱境界的形体。所以，竹林名士重道家、道教的"养生保神"，希望神与形能在生命中和谐地统一，"修性以保神，安心以全身"②。

　　"越名教而任自然"的竹林名士的庄子学说以及他们的社会实践，并没有对当时黑暗的政治产生丝毫的影响，反而给他们自己的身家性命带来了诸多麻烦。这使竹林名士陷入了比正始名士更为痛苦的境地：政治上，他们时时面临要公开政治倾向的压力，做官屈服司马氏才能保全性命；人格上，他们既要实践自己塑造理想人格，去"越名教而任自然"，又要牢记自己的社会责任，在社会实践及政治行为上不随波逐流。这必然产生选择的痛苦，嵇康在《卜疑集》中将这种痛苦表达得淋漓尽致：

　　　　吾宁发愤陈诚，谠言帝廷，不屈王公乎？将卑懦委随，承旨倚靡，为面从乎？宁恺悌弘覆，施而不得乎？将进趣世利，苟容偷合乎？宁隐居仁义，推至诚乎？将崇饰矫诬，养虚名首？宁斥逐凶佞，守正不顺，明否臧首？将傲倪滑稽，挟智任术，为智囊乎？宁与王乔、赤松为侣乎？

---

① 《嵇中散集》卷二，《与山巨源绝交书》。
② 《嵇中散集》卷三，《养生论》。

将进伊挚而友尚父乎？宁隐鳞藏彩，若渊中之龙乎？将舒翼扬声，若云间之鸿乎？宁外化其形，内隐其情，屈身随时，陆沉无名，虽在人间，实处冥冥乎？将激昂为清，锐思为精，行与世异，心与俗并，所在必闻，恒营营乎？宁寥落闲放，无所矜尚，彼我为一，不争不让，游心皓素，忽然坐忘，追羲农而不及，行中路而恫怅乎？将慷慨以为壮，感慨以为亮，上干万乘，下凌将相，尊严其容，高自矫抗，常如失职，怀恨怏怏乎①？

从这些悲凉切骨的发问中会感到竹林名士"消极地反抗政治黑暗，以人性为尺度，欲望为准绳，衡量自然、礼法对人性孰更有益处，站在自然主义立场上对礼法名教挑战。他们对儒家的抨击与其说是理论上的，毋宁说更带有政治和感情的色彩"②。竹林名士的选择一言以蔽之：入世与出世的问题。入世可摆脱孤独的痛苦和社会责任感的煎熬，但又面对违背自身设定之理想人格的痛苦，面对从俗保命抑或持节丧生的抉择。出世可不受名教的束缚，消除官场应酬的痛苦，但又要陷入被社会完全抛弃之后的巨大精神孤独之中。这种入世与出世选择上的矛盾冲突，加上竹林名士身世、性格、气质、政治倾向的不同，最终使他们走出竹林隐居之地，"竹林七贤"与竹林之风开始分化，各显异质。

阮籍为求保身，出任司马氏的官吏，任上虚应故事，以放佚的行为躲避政治争议，用狂饮酒食在官场上自造归隐之山林。他注重庄子之说，形成与玄理、才性名理不同的一派，可称为放达派，刘伶、阮咸可算此派中人。嵇康刚强疾恶，尚侠任气，对司马氏的"名教"不屑一顾，他谈老庄玄谕之外，

① 《嵇中散集》卷三，《卜疑集》。
② 辛旗《中国历代思想史·魏恶南北唐隋唐卷》，文津出版社，1993年版，第62页。

兼谕名理，与"才性名理"派中附依司马氏的钟会直接冲突。"钟士季（会）精有才理，先不识嵇康。钟要于时贤俊之士俱往寻康。康方大树下锻，向子期（秀）为佐鼓排，康扬捶不辍，旁若无人，移时不交一言。钟起去，康曰：'何所闻而来，何所见而去?'钟曰：'闻所闻而来，见所见而去'"①。后来，钟会竟以嵇康朋友吕安被诬告，吕安要嵇康作证一事，劝司马昭杀害了嵇康。嵇康激烈的反名教倾向可称为竹林七贤中的"忤世派"。山涛于竹林隐身自晦，有待价而沽的意思，他四十岁时往见司马师，以后在官职上步步高升。向秀深谙"内圣外王之道"，他注《庄子》实际上是为自己去当官做晋身之阶，他的"儒道为一"②是劝司马氏政权容忍名士以巩固地位的一种策略。向秀本与嵇康为至交，但嵇康被杀不久，他就在司马昭面前唾弃嵇康，谋得黄门侍郎的官职③。王戎少年时异常聪颖，极为阮籍欣赏，成忘年交，后因王氏家族有人是司马氏篡魏的功臣，连带走出竹林入仕途。他在儒、道问题上左右逢源，把"才性名理"派的辩才全用在如何表现得似道非道，似儒非儒上。他的那些贪啬、敛财、治产、筹算、钻核等劣迹为世人所不齿，但这些"异行"实际上也是这位极聪明之人的"韬晦之计"，以表白他无任何政治的野心。山涛、向秀、王戎三人可称为"顺世派"，他们完全回到名教所规定的那条"建功立业为人生追求的极致"传统的路子上去了。

竹林名士之中嵇康彻底地追求了"越名教而任自然"的理想人格，虽然他死前一直也处在选择的苦痛中。而阮籍始终没有实现他塑造的"大人先生"那种人格境界。他的性格、身世、思想决定了他一生都在出世与入世的选择之中，这也恰恰构成了阮籍人格的悲壮、深邃，阮籍思想的率性任情和阮籍命运的凄怆苍凉。

---

① 《世说新语·简傲》。
② 谢灵运《辨宗论》。
③ 《世说新语·言语》。

第四章　阮籍的自然本体论思想

第一节　从贵无论到自然论

魏晋玄学的发展过程，若从哲学意义上看，经历了正始之音的本末有无论、竹林之风的自然生成论、元康之放的内圣外王论，直至东晋之逸的玄佛合一论。其间，阮籍作为竹林之风的领袖人物，其自然本体论思想直接促成了正始玄学向竹林玄学的嬗变。虽然，就阮籍个人思想而言，也有一变化过程：早年信奉儒家学说，后援道入儒，以《老子》书释解《易经》，晚年竭力宣扬庄子学说。但是，这一变迁并未影响阮籍的自然观，他始终坚持了他的万物一体思想。

阮籍自然、天道观念形成的背景与当时对宇宙、自然观念的思想革命是分不开的。

一、玄学的本体论源于荆州学派对王充思想的继承及对《易》与《太玄》的新注解

正始玄学的本体论是由汉末批判思潮中逐渐演化而来的。它一反汉儒繁琐的经学思维模式和考据的治学方法，把汉末的名实之争推向本末有无之辨，通过对于抽象逻辑范畴的"辨名析理"①，阐述了以无为本的本体论学说。东汉末经学特重谶纬阴阳，章句繁琐走到尽头，王充在反迷信的同时指出儒生已达到"陆沈"、"盲聋"②的境地，非得震聋发聩无以明义理而经世致用。幸有郑玄博通古今，开展经学简化运动，但仍未对代谶纬化的阴阳五行宇宙构成模式进行反思。后中原战乱，部分治学大家南迁至荆州，以刘表为中心形成荆州学派，对郑玄学说重新整理，加以继承与扬弃。王粲《荆州文学记》说：

> 有汉荆州牧刘君……乃命五业从事宋衷（忠）所作文学延朋徒焉。宣德音以赞之，降嘉礼以劝之。五载之间，道化大行。耆德故老綦毋闿等负书荷器，自远而至者三百有余人③。

刘表领导的荆州学派开始注重抽象的哲学思辨，并在治学方法上加以改善。《后汉书补注》卷十七《刘表传》引《刘镇南碑》说：

> 君深愍末学远本离真，乃令诸儒改定五经章句，删划浮辞，芟除烦重④。

该学派中宋衷（？—219 年）注扬雄的《太玄》为天下所重，近人汤用彤（1893—1964 年）、贺昌群先生均认为此注为发明玄理之作⑤。荆州学派对

---

① 丁怀轸《从名实之争到本末有无之辨》，《社会科学战线》1987 年第 4 期
② 王充《论衡·谢短》。
③ 严可均《全后汉文》卷九十一。
④ 严可均《全三国文》卷五十六。
⑤ 汤用彤《王弼之周易论语新义》，第 86 页。贺昌群《魏晋清谈思想初论》，第 61 — 62 页。

《易》与《太玄》的新注解实为魏晋自然天道观转变的关键，有了它才会有王弼、何晏大振玄风，提倡治《易》"得意忘言"，摒除象数，独明本体。

二、王弼、何晏以道家"自然无为"，开启"以无为本"的本体论

"王弼之家学，上溯荆州，出于宋氏。夫宋氏重性与天道，辅嗣好玄理，其中演变应有相当之联系也。又按王肃从宋衷读《太玄》，而更为之解，张惠言说，王弼注《易》、祖述（王）肃说，特去其比附爻象者。此推论若确，则由首称仲子（宋衷），再传子雍，终有辅嗣（王弼），可谓一脉相传者也"①。王弼继承了荆州学派先辈们（后多被曹丕杀掉，包括死于魏讽之难的宋衷）的大量著作②。我们不否认王弼的哲学天赋，但笔者认为王弼的著作许多是荆州学派先辈们的遗作，因为社会氛围不允许，一直未刊行于世。到王弼时，拿出来稍加整理，融会贯通，于是玄学大振。王弼一人在思想史的功业其实是荆州学派集体的智慧，想起那些被政争杀戮埋没的思想家，真是可惜可叹！

王弼本体论的创建，得力于王充《论衡》甚多。《论衡》彻底批判了汉代经学中的阴阳灾异之说，提倡道家"自然无为"的天道观。王充说：

> 天动不欲以生物，而物自生，此则自然也。施气不欲为物，而物自为，此则无为也③。

> 夫天道，自然也，无为。如谴告人，是有为，非自然也。黄老之家

---

① 汤用彤《王弼之周易论语新义》，第266页。中华书局，1983年版《汤用彤学术论文集》引蒙文通《经学抉原》，第38页。

② 王弼虽未居荆州，但家世与荆州有关系。山阳人刘表曾受学于同郡王畅，汉末，王畅的孙子王粲与族兄王凯避乱去荆州依刘表。表以女嫁王凯。在荆州的蔡邕赏识王粲，死前给他数车书籍。后王粲的二子与宋衷死于魏讽之难。王家的书籍归王凯的儿子王业所用，王弼是王业之子，拥有了这批珍贵的书籍。

③ 王充《论衡·自然》。

论说天道，得其实矣①。

王弼、何晏将黄老道家的自然观与治《易》的抽象方法结合起来，形成了贵无论的本体论。其内容大致有三：

第一，天地万物，以无为本。何晏说："天地万物皆以无为本。无为者，开物成务，无往不成者也。"② 王弼说："天下之物，皆以有为生。有之所始，以无为本。"③ 第二，万物皆以"无"为体，以"有"为用。王弼说，"万物虽贵，以无为体，不能舍本以为体也。舍无以为体，则失其为大矣"④。又说，"有之所以为利，皆赖无以为用也"⑤。第三，万物皆动，唯有本体寂静不动。王弼说，"凡动息则静，静非对动者也。语息则默，默非对语也。然则天地虽大，富有万物，雷动风行，运化万变，寂然至无，是其本矣"⑥。

三、本体学说从贵无论到阮籍自然论的演化

王弼、何晏的以无为本的本体论，在哲学层面上超越了汉代经学的宇宙生成论中阴阳五行模式及灾异谶纬的"谴告说"目的论，其理论意义在于恢复了儒学自然观的朴素唯物论的性质，创造了抽象的哲学本体论。但是，这种脱胎于《易》、《老》，受益于王充《论衡》的本体论，仍存在着一些内在的矛盾与局限。比如说，本体"无"的确立，并未使王弼、何晏的正始玄学，真正摆脱汉儒宇宙生成论的影响，尤其是在理论上没有贯穿"有无一体"、"体用不二"的思想，所以难以解决本体"无"的由静而动，从"无"到"有"的问题。不得不重借宇宙生成具有一具体过程的思想，用"母生其子"

① 王充《论衡·谴告》。
② 《晋书》卷六十五，《王衍传》。
③ 王弼《老子注》第四十章。
④ 王弼《老子注》第三十八章。
⑤ 王弼《老子注》第十一章。
⑥ 王弼《周易注·复卦》。

的命题来处理本体之"无"与万物之"有"的关系，造成本体论与生成论在"有"、"无"问题上并用，出现较大的理论混乱。同时，玄学自身演进中，由重《易》向重《老子》转变，老子的思想又是与庄子思想相关联的，《庄子》一书也逐渐受到重视。恰好在此时，正始玄学名士逢"典午之难"，思维发展的脉络被突如其来的政治风暴所斩断。阮籍在此背景下，代表着一大批玄学名士，在险恶的政治环境下，开始转而研究《庄子》，以"生年不满百，常怀千岁忧"的人格主体意识，将正始玄学贵无论的本体学说发展为万物一体的自然论。

第二节　阮籍的自然观

阮籍对自然的理解，继承了王充自然观的唯物特性，强调"气"是构成客观物质世界的基础。

一、自然是充满了"气"的无边宇宙，它衍生了天地万物

阮籍认为，"天地生于自然，万物生于天地。自然者无外，故天地名焉。天地者有内，故万物生焉"①。自然在时间上是无始无终的，"莫究其极"②。充满其间的是"气"，"天地烟煴，元精代序，清阳曜灵，和气容与"③。"混元生两仪，四象运衡玑。嗷日布炎精，素日垂景辉"④。班固曾在《通幽赋》中说："浑元运物"，曹大家注曰："浑，大也，元气运转也。"⑤ 阮籍与班固的看法是一致的，"混元生两仪"，就是把元气看作是天地万物产生的根源，

---

① 阮籍《达庄论》。
② 阮籍《大人先生传》。
③ 阮籍《咏怀诗》。
④ 阮籍《咏怀诗》。
⑤ 《文选·通幽赋》。

"至道之极，混一不分，同为一体"①。"气"的存在状态是"混一不分"，"瀁瀁洋洋，飙涌云浮"，它没有任何的神秘主义成分，没有任何的精神主宰。这样，阮籍既排斥了汉儒的神学目的论的阴阳五行"气"说，又摒弃了汉末象数易学对《周易·系辞》中"易有太极，是生两仪"的唯心主义解释。阮籍阐示的是十分明确的朴素唯物论思想。

二、宇宙间万物千差万别，变化不已，"一气盛衰"，都统一于气

阮籍在《达庄论》中写道：

> 地流其燥，天抗其湿，月东出，日西入。随以相从，解而后合。升谓之阳、降谓之阴。在地谓之理，在天谓之文。蒸谓之雨，散谓之风。炎谓之火，凝谓之冰。形谓之石，象谓之星。朔谓之朝，晦谓之冥。通谓之川，回谓之渊。平谓之土，积谓之山。男女同位，山泽通气，雷风不相射，水火不相薄。天地合其德，日月顺其光。自然一体，则万物经其常。入谓之幽，出谓之章，一气盛衰，变化而不伤。是以重阴雷电，非异出也，天地日月，非殊物也。故曰：自其异者视之，则肝胆楚越也；自其同者视之，则万物一体也。

阮籍所强调的是宇宙间万物存在的形态各不相同，差异很大，但都是由"一气"构成的，其存在都有"气"由盛转衰的过程。从"气"的角度讲，万物是一体的；从变化的方式讲，万物是千差万别的。"同"和"异"都是有条件的，前者注重构成物质的质料，后者注重构成物质的形式，质料的"气"的盛衰是为"变"，形式的更改是为"化"。阮籍认为，自然界的变化最根本、最显著的标志就是"冷"（阴）和"热"（阳）两种力量交错所产生

---

① 阮籍《达庄论》。

59

的现象，甚至男女间的自然繁衍后代的性行为也不例外。至于人这种特殊的自然物，其体、性、情、神也都禀自然之气，都是"气"构成质料与方式的不同的体现。阮籍在《达庄论》中说：

> 人生天地之中，体自然之形。身者，阴阳之精气也。性者，五行之正性也。情者，游魂之变欲也。神者，天地之所以驭者也。

阮籍从人与自然之间的关系说明万物一体，同生于"气"人又是"阴阳之精气"构成的，人的本质在于能体现万类（五行）的法则（正性），人的感情是不断变化的欲望，人的精神去认知、综理自然，天地之存在对于人方有意义，所以说"神者，天地之所以驭者也"。阮籍从主体、客体的角度论自然，既坚持了庄周"自然为本"，又克服了他的"蔽于天而不知人"[1]的弊端。阮籍在其所著《通老论》中说的"道者，法自然而为化"[2]，其本意就是说"道"不过是效法自然的规律，用主体的认知去解释它、规范它。

三、自然界的存在与变化是有规律可循的，"自然一体，则万物经其常"

阮籍认为自然界的万物是由"气"的不同品质及形式构成的，并有盛衰变化的过程。在自然界中没有拟人化的神灵主宰，只有运动变化的规律起作用。"天地合其德，日月顺其光，自然一体，万物经其常"，"易顺天地，序万物，方圆有正体，四时有常位"[3]。阮籍认为规律的最根本表现就是自然界的和谐统一，而自然界的和谐统一用音乐最能体现。他说，"夫乐者，天地之体，万物之性也。合其体，得其性，则和；离其体，失其性，则乖。昔者圣

---

① 《荀子·解蔽》。
② 阮籍《通老论》。
③ 阮籍《通易论》。

人之作乐也，将以顺天地之体，成万物之性也"①。阮籍把自然界的规律及其和谐统一的状况，称为"自然之道"，他的《乐论》中说：

> 乾坤易简，故雅乐不烦。道德平淡，故无声无味。不烦则阴阳自通，无味则百物自乐，日迁善成化，风俗移易，同于是乐。此自然之道，乐之所始也。

阮籍在《通易论》中更为详细地解释了自然界运动的规律（易）与自然界本身（天地）之间的关系。以往对"易"有两种解释，其一是"天地本易"的唯心观点，其二是"易本天地"的唯物观点。阮籍认为，"《易》之为书也，本天地，因阴阳，推盛衰，出自幽微，以致明著"；"《易》之为书也，覆焘天地之道，囊括万物之情"。《易》是规律变化之道的总称，"道至而返，事极而改。反用应时，改用当务。应时故天下仰其泽，当务故万物恃其利。泽施而天下服，此天下之所以顺自然惠生类也"。阮籍非常明确地阐明"易"不是"神明"臆造，而是事物适应条件变化而不断调整其存在方式的一种规律。由此，他得出结论："天地，易之主也；万物，易之心也"②。今人孙叔平教授指出："'易'并不超越天地万物，而隶属于天地万物，这是从未曾有的、最明确的对《易》的唯物主义的解释。"③

第三节　阮籍自然观中的两个重要概念："道"与"神"

理解阮籍自然本体论具有承上启下之学术意义，就必须要弄清其自然观

---

① 阮籍《乐论》。
② 阮籍《通易论》。
③ 孙叔平《中国哲学史稿》卷上，上海人民出版社，1980年版，第411页。

中的两个重要的概念："道"与"神"。

"道"在《老子》一书是作为最高的自然法则来论述的，然对其规定性老子却讲得模棱两可。庄子视"道"为精神绝对自由的凭借，是一种超越万物的精神本体。王弼"以无为本"的本体论将"道"当做一种既存于万物，又高于万物，需经人主体意识加以升华的精神本体。阮籍是如何看待"道"呢？有人认为他基本上承袭了庄子的唯心主义天道观，主张在天地万物产生之前有一个精神性的主宰①。今人丁冠之教授认为，阮籍所言"道"是从属于自然，是自然变化的规律②。笔者认为，阮籍对"道"的理解是与他"气为天地万物本原"的思想一脉相承的。他说，"道者法自然而为化，侯王能守之，万物将自化。《易》谓之太极，《春秋》谓之元，《老子》谓之道"③。显然，他引用了《老子》"人法地，地法天，天法道，道法自然"，没有纠缠于"道"的具体规定性（老子就因为太具体地形容"道"的存在状态，使人将其归为唯物或唯心），而是把"道"看作是自然规律。

当然，阮籍将"道"的观念引入社会政治领域（主要是讲自然与名教的关系）时就表现出局限性。他从"天道"引出"人道"，"（圣人）裁成天地之道，辅相天地宜，以左右民，顺其理也"，"《易》顺天地，序万物。方圆有正体，事业有所丽，鸟兽有所萃，故万物莫不一也"④。他用"天道"附会"人道"，忽视自然规律与社会规律的差异，把自然规律也伦理化（这方面本书第五章辟有专节论述）。他在反对儒家的"分处之教"⑤时，强调"自然一体"，泯灭事物之间质的规定性的差别，陷入相对主义。这是与正始后期庄子

---

① 袁济喜《阮籍嵇康异同论》。

② 丁冠之《阮籍》，收入《中国古代著名哲学家评传》续编二，第127页，齐鲁书社，1982年版。

③ 阮籍《通易论》。

④ 阮籍《通易论》。

⑤ 《荀子·王制》。

学的兴起有很大关系的，阮籍在自然观中"道"的概念里部分地吸收了庄子哲学中相对主义和追求绝对精神自由的思想，但这并不能说阮籍的自然观等同于庄子。

阮籍在论述到自然界衍生万物时，运用了"神"这个概念。他在晚期著作《大人先生传》中说：

> 不知乃贵，不见乃神，神贵之道存乎内，而万物运于外矣。
>
> 阳和微弱隆阴竭，海冻不流绵絮折，呼嘘不通寒伤裂，气并代动变如神。
>
> 时不若岁，岁不若天，天不若道，道不若神。神者，自然之根也。

阮籍旨在说明万物运动变化是十分奇妙的，是从外部无法观察的，神妙作用的原因是"气"的相互作用。"神"是自然的根本。这个"神"绝不是主观精神，而是难以把握和认知的气的运动变化，可以说神奇的变化是自然界的根本。从此推理，就不难理解他在《通易论》中主张的"神物设教而天下服"[①]，其寓意为：用神奇的事物变化来教育万民崇尚自然，才能使大家信服。阮籍在略早于《大人先生传》另一著作《达庄论》中将"身"、"性"与"神"并用，看做人身体构成的三个要素。显然，这个"神"是狭义的，专指人的精神变化及神奇的作用，并不能据此来得出阮籍哲学的最高概念"神"是一个精神本体之结论。

诚然，阮籍后期思想因受政治环境的压抑，偏向庄子学说，对社会、人生采取了"齐一生死"的相对主义立场，力求达到绝对的精神自然。这决定了其自然观中多多少少地渗入一些强调精神作用的主观主义因素。但是，他

---

① 阮籍《通易论》。

对自然界是独立于人的意识之外以"气"的方式存在、运动这一根本看法没有改变。虽然，他为了发泄苦闷，冀望实现理想人格，在《大人先生传》中纵横驰骋其丰富的想象力，但仍然是在自然宇宙之间"徜徉回翔"，"登其万天而通观，浴太始之和风"。他没有用自己的精神来主宰宇宙、幻想与神灵合体，而坚持宇宙是"莫畅其究，谁晓其根"①。阮籍的"道"、"神"两个重要概念体现了他在自然观上调和道、儒学说②，"循自然、性天地"的原则。

从阮籍的自然本体论思想可以看出：正始"贵无论"到竹林"自然论"的转变，并非哲学思想史发展过程中由本体论向生成论的退步，不是由抽象的"无"简单地回归到具体的"气"。上文所述阮籍的自然论，也没有泛论宇宙万物具体的生成步骤、架构与过程。而是终始围绕着天地万物一体这个宇宙统一性问题，这仍是一种本体学说。今人丁怀轸、丁怀超先生亦持此论③。阮籍在《通老论》、《达庄论》中对自然的论述，大多是本体论式的论证。那么，贵无论与自然论的区别是什么？是理论思维的趋向、取向、方法、概念的不同。王弼的贵无论偏重于对世界万物及其统一本质关系的解释，因而强调"本末有无之辨"；而阮籍的自然论侧重于世界万物同异类之间的关系，强调"万物一体"。

① 阮籍《大人先生传》。
② 辛旗《中国历代思想史·魏晋南北朝隋唐卷》，文津出版社，1993 年版。
③ 见丁怀轸、丁怀超合著《阮籍与魏晋玄学的演变》，《浙江学刊》1989 年第 6 期（总第 59 期），第 65 页。

第五章　阮籍的政治思想

第一节　政治观以历史认知为基础

阮籍的政治思想是以对历史的认知为基础的。他并没有将历史视为一种理想的政治状态，有多么的美好，反而用魏晋时期的社会政治现实去设想历史，而有"舜、禹之事，吾知之矣"的慨叹，对典籍所载之古代圣贤亦失去信心。因此，可说他的历史观是历史自有君臣之政治以来是无好坏之别的，只有坏与更坏之类，这便是典型的历史退化论，是与老、庄思想一脉相承的，由此衍生出后面一节所叙及的"无君论"。

阮籍对历史的认知与其自然观又是一致的，相信有"太素之朴"未散的时代，亦即无君臣政治的时代，他称之为"至德之世"。即便是有后来记载中所说的君王，而实际是对自然之理颇有认识的贤人而已。那时，"刑设而不犯，罚著而不施"[1]；

---

① 阮籍《通易论》。

"害无所避，利无所争"①；"善恶莫之分，是非无所争"②；"明者不以智胜，暗者不以愚败。弱者不以迫畏，强者不以力尽。盖无君而庶物定，无臣而万事理"③。他用"天道"附会"人道"，忽视自然与社会的差异性，认为没有人为的社会历史才是最纯粹、理想的，基于此，他泯灭了社会结构与自然界物质秩序之间质规定性的区别，把历史视之为对自然界的一种异化、一种反动、一种违背，将其视为不断悖离自然规律的堕落过程。

阮籍看来，"至德之世"（与"自然"完全混一的状态）过去后，"三王"、"五霸"、"强国"之世一来，人为设定的政治规定性，诸如"道"、"德"、"仁"、"义"、"智"这等儒家所言的礼法也就接踵而至了。于是乎，自然之理于人类社会的作用与影响就一天天地淡薄下去。他说：

> 三皇依道，五帝伏德，三王施仁，五霸行义，强国任智，盖优劣之异，薄厚之降也④。

这时候，由于有了君王，暴政虐杀随之而来；由于有了臣属，阿谀奉承随之而来。自然法则不但不予遵循，反而破坏它以满足人们的欲望。"竭天地万物之至，以奉声色无穷之欲"；"豺虎贪虐，群物无辜，以害为利，殒性亡躯"；"坐制礼法，束缚下民，欺愚诳拙，藏智自神"；"故重赏以喜之，严刑以威之"；"财匮而赏不供，刑尽而罚不行，乃始有亡国、戮君、溃散之祸"；"且近者，夏丧于商，周播之刘，耿（夏都）、薄（商都）为墟，丰镐（周都）成丘"；"厥居未定，他人已有。汝之茅土，将谁与久"⑤。

---

① 阮籍《大人先生传》。
② 阮籍《达庄论》。
③ 阮籍《大人先生传》。
④ 阮籍《通老论》。
⑤ 以上引文皆出于阮籍《大人先生传》。

历史因为人类悖弃自然法则而不断退化，恶之更恶，今有甚于昔，昔亦无逊于今。从阮籍的历史观可以看出他所属意的理想政治状态应当是与自然界万物之和谐相一致的，典籍中的历史政治对他来说多不屑一顾。老庄遵循自然法则的思想对其影响也深入他的历史观中，所以说，他政治思想的基础出于对历史的判别，出于对"自然"法则的憧憬，这实际又可说是出于对魏晋险恶的社会现实的厌倦与恐惧。

第二节　无君论

阮籍在正始年以前（即三十岁之前）曾有济世之志，也认为儒家的政治思想是可以治世的，希望从政者都能够"佐圣扶命、翼教明法"。正始年中后期，阮籍开始重庄子学，加之现实政治昏暗，祸事潜伏，阮籍在理论上转向为老子庄子的道家思想，对政治的看法也开始全面的否定。

一、汉末魏晋"君臣关系"的危机与阮籍首倡的"无君论"思想

东汉之后，豪强世族兴起，土地兼并剧烈，社会结构带有相当多"封建"的特征，地方官吏和其所辟用的僚属之间形成了类似于君臣的名分关系（或称为"门生故吏"）。而察举制度的实行，使储备的官吏（士人）在未被朝廷任命之前，委身于地方官吏或举主，若以后晋身朝中为官，仍要依当时的政治道德，同时也要忠于"故主"①。献帝时，军阀割据，豪强广蓄家臣，他们已经没有与皇帝的君臣关系了。到曹魏时，"仕于家者，二世则主之，三世则君之"② 几成普遍的观念。至此，秦汉大一统政权所提倡的普遍意识的君臣关系（周代称之为"率土之滨，莫非王臣"）已被拥兵割据的私家"君臣之义"

---

① 杜佑《通典》卷六十八，孔融"被召未谒称故吏议"，卷九十九，"与旧君不通服议"及"秀孝为举将服议"。

② 《三国志》卷八，《公孙度传》注引《魏书》。

所取代。于是在思想界自然要萌生怀疑皇权的观点，一方面为挑战皇权、支持封建割据；另一方面是对一切权威表示怀疑。

恒帝时，民间就有人开始不承认和皇帝有"君臣之义"，《后汉书》托名为汉阴老父（意为汉水河北侧的老人），以其口明此理：

> 汉阴老父者，不知何许人也。桓帝延熹中幸竟陵，过云梦，临沔水，百姓莫不观者。有老父独耕不辍。尚书郎南阳张温异之，使问曰：人皆来观，老父独不辍，何也？老父笑而不对。温下道百步自与言。老父曰：我野人耳，不达斯语。请问天下乱而立天子邪？役天下以奉天子邪？昔圣王宰世，茅茨采椽，而万人以宁。今之君子，劳人自纵，逸游无忌。吾为子羞之，子何忍欲人观之乎？温大惭，问其姓名，不告而去①。

阮籍的好友嵇康也曾提出类似于汉阴老父的怀疑君臣关系的论调，并为新的君臣关系定位，他在《答难养生论》中说：

> 且圣人宝位，以富贵为崇高者，盖谓人君贵为天子，富有四海。……圣人不得已而临天下，以万物为心，在宥群生，由身以道，与天下同于自得。穆然以无事为业，坦尔以天下为公。……故君臣相忘于上，蒸民家足于下。岂劝百姓之尊己，割天下以自私，以富贵为崇高，心欲之而不已哉②？

阮籍将上述的怀疑观点索性对君臣关系来个彻底的否定，在理论层面上

---

① 《后汉书》卷八十三，《逸民传·汉阴老父传》。
② 戴明扬《嵇康集校注》，人民文学出版社，1962年版，卷四，第170—171页。

首倡"无君论"。他在最能反映其思想本质的《大人先生传》中说：

> 昔者天地开辟，万物并生。大者恬其性，细者静其形。阴藏其性，
> 阳发其精。害无所避，利无所争。放之不失，收之不盈。亡不为夭，存
> 不为寿。福无所得，祸无所咎。各从其命，以度相守，明者不以智胜，
> 暗者不以愚败，弱者不以迫威，强者不以力尽。盖无君而庶物定，无臣
> 而万事理①。

上文曾论及，阮籍在《通易论》等著作中，认为社会的等级尊卑出于自然，自然界的乾坤阴阳是建立君臣父子名分的根据。而现在怎么又否定君臣关系呢？这与他在正始中期之后，自然观倾向于老庄有很大的关系。

二、"无君论"思想是与"万物一体"的老庄自然观相一致的

阮籍在正始年中期庄子学盛行时，思想发生了转变，他认为儒家倡导的"名分之施"，设"分处之教"，是好异者为之，违背了自然法则。他说："夫别言者，怀（坏）道之谈也；折辩者，毁德之端也；气分者，一身之疾也；二心者，万物之患也。"② 这与他在《通易论》中对自然法则的理解完全不同了。那里，他强调"别"、"分"，认为"立仁义以定性，取蓍龟以制情，仁义有偶而祸福分。是故圣人以建天下之位，定尊卑之制，序阴阳之适，别刚柔之节"③。而在转向老庄自然观之后的《达庄论》中，他强调"合"与"同"，缅怀没有富贵贫贱等级之分、没有君臣、礼法之别的"至德之世"，由此产生"无君论"，其逻辑轨迹是十分明显的。

"无君论"的理论意义在于：其一，对儒家传统的"君权神授"进行否

---

① 《阮籍集》或严可均辑《全三国文》卷四十六。
② 阮籍《达庄论》。
③ 阮籍《通易论》。

定式的批驳，同时也完成了对他正始前的"名教"思想（包括王弼、何晏的"名教出于自然"）加以否定。他认为"君臣关系"以及衍生出来的一系列礼法，既非出乎"天意"，也非来自于"自然"法则，而是人为的、伪善的、功利性的，"尊贤以相高，竞能以相尚，（争）势以相君，宠贵以相加"①，是束缚下民，愚诳百姓的。正如今人丁冠之教授所言："阮籍虽然认识不到君主制以及维护这种制度的礼法产生的真正原因，但是他揭去了蒙在君权、名教上面的'天意'和'自然'这两层虚伪的面纱，走在了同时代的思想家的前面。"② 其二，超越了以道德伦理来论政治制度的优劣，在政治制度问题上，彻底否定君主的地位。阮籍在《通易论》写作时，曾把社会乱源归结为君王的道德操行，认为只要君王无欲无为，天下就可长治久安了。到了《大人先生传》，他把道德因素抛开，将社会不治之源直指政治制度上的君臣形式，激烈地否定君王存在的根据，把政治制度亦视为悖离自然法则、遂人欲念的凭借。

然而，阮籍的"无君论"只是理论上的否定，对理想的政治制度应当如何，毫无建树。他憧憬的"大人先生"、"至人"似乎也只是游离于政治制度和人间社会之外的、对现实无可奈何者。

三、"无君论"对鲍敬言思想的影响

阮籍提倡"无君论"比汉阴老父从道德层面排斥当时的君王更进了一步，从老庄自然论的角度说明社会应如自然界一样，无需特殊的人来统治其他人，万物是一体的。汉阴老父还相信有勤俭爱民的"昔圣王宰世"，阮籍这时对古代圣王也失去了信心，认定古代政治与现世政治大体相似，不过是后人为前人粉饰罢了。大约阮籍死后半个世纪，鲍敬言（生卒不详，约活动于公元四世纪初）从道家养生的目的来论"无君"，比阮籍更为激烈，他提出"古者

---

① 阮籍《大人先生传》。
② 《中国古代著名哲学家评传》续编二，《阮籍》，齐鲁出版社，1982年版。第121页。

无君，胜于今世"①的学说，干脆把先世所谓圣王的治世也抛开。鲍敬言认为君主制度以至人类对社会对现实的改造，都是违反人的自然本性或事物的自然本性。他指向儒家君主思想的两个主要根据。其一，自然界的根据——天地万物自有尊卑秩序；其二，人性论的根据——人生而为善，有先天之圣人。鲍敬言在批驳此论中是循阮籍的理论思路的，即用老庄道家的自然观推及社会人事。他说："夫天地之位，二气范物，乐阳则云飞，好阴则川处，承柔刚以率性，随四八而化生，各附所安，本无尊卑也。"而社会之所以产生君臣关系，则由于人性之本恶，欲望所驱使之，"夫强者凌弱，则弱者服之矣；智者诈愚，则愚者事之矣。服之，故君臣之道起焉；事之，故力寡之民制焉。然则隶属役御，由乎争强弱而校愚智，彼苍天果无事也"②。

鲍敬言发展了阮籍的"无君论"思想，也反映出汉末到西晋一百多年君臣关系的崩解，僭越、杀戮、反君权已成为政治争斗的时尚。从郭象注《庄子》批驳"无君论"，似可看出，这一思想在当时是多么的流行。郭象在注"臣之事君义也"时说：

> 千人聚不以一人为主，不乱则散。故多贤不可以多君，无贤不可以无君。
>
> 信哉斯言。斯言虽信，而犹不可亡圣者，犹天下之知未能都亡，故须圣道以镇之也。群知不亡而独亡圣知，则天下之害又多于有圣矣。然则有圣之害虽多，犹愈于亡圣之无治也③。

郭象（252—312 年）斥"无君论"与葛洪驳鲍敬言（幸好因驳其"无君

① 葛洪《抱朴子·外篇》卷四十八，《诘鲍》。
② 葛洪《抱朴子·外篇》卷四十八，《诘鲍》。
③ 郭象《庄子注·人间世注》。

论"，使今日得见鲍氏思想之片断）有相似之处。两者亦推崇道家，他们不同于阮籍、鲍敬言的地方是：君道无为，与自然界之无为的法则相应。这种君道的实质已非政治秩序之义。

第三节　"自然"与"名教"的关系

阮籍的政治思想集中表现在他对"自然"与"名教"关系的认识上。"名教"与"自然"的关系是魏晋玄学思想的中心主题，从此意义上讲，玄学是阐发一种自然与社会协调之中的内圣外王之道的政治哲学。阮籍的前期思想倾向于"自然"与"名教"的结合。魏晋禅代之际，险恶的政治斗争使玄学理想与社会现实的矛盾尖锐而至不可调和。阮籍开始信奉老庄之道家思想，令玄学玄远、虚化而脱离现实，其政治思想亦趋向否定现实，赋予偏激的情绪化色彩。通过否定历史、否定君臣关系，最终把玄学思想的主旨推向"自然"与"名教"对立。下面分述其思想变迁的历程。

一、前期儒道并重，主张"名教"与"自然"结合

"名教"与"自然"的结合是魏晋之际思想界从汉代经学及谶纬迷信中解放出来，开启"新道家"（玄学）之后的共同理想，"凡是站在高层次思考的人，都不能超越这个理想"①。所谓"名教"，在魏晋时既非指儒家思想，也非统治者的治国方略，而是指封建宗法等级政治制度。但是，儒家思想及统治者的尊儒政策会对巩固这种制度起很大的作用。由于是一种制度、秩序，那么自然形成了不以人意志为转移的社会关系。若否定"名教"，就是否定社会关系，否定政治秩序，从而也就否定了自己存在的价值。东汉的"名教"完全与谶纬、经学相结合，弊端丛生，到东汉末年，荀悦（148—209 年）主

---

① 余敦康《阮籍、嵇康玄学思想的演变》，见《文史哲》1987 年 3 月号。

张以"真实"来纠正"名教"的虚伪。曹魏时，杜恕进一步提出以"诚"来调整"名教"。后来，玄学思想大兴，提炼出"自然"（意如自然界一样的顺乎自然的秩序）这个概念。

所谓"自然"并非指道家之自然观，也非指自然界本身，而是指支配自然界的那种和谐的规律、法则。它是必然的，人类必须顺应的。东汉末，社会秩序大乱，灾难频仍，思想家们期望在重建社会政治秩序时，遵从"名教"与"自然"结合的原则为人们寻求一条摆脱苦难的路径。玄学家从哲学意义上去思考，将这两个概念视为现象与本体的关系。

阮籍同时的何晏、王弼曾将"名教"与"自然"结合之旨，在理论上作了论证，提出"名教"出于"自然"的观点。王弼说："万物以自然为性，故可因而不可为也，可通而不可执也。"① 为"名教"的存在找到"自然"的根据。而阮籍在正始初期也致力于儒道结合，同意何晏、王弼的主张，尽管他对现实不满，但对理想的秩序（儒家的政治理想）充满了乐观信念，这在其早期著作《乐论》和《通老论》中表现得十分明显。他认为，天地自然处于一种和谐的状态，以君臣、父子、夫妇为内容的宗法等级政治制度效法了"自然"，本身亦是和谐的。即使这种和谐遭到破坏，只要"佐圣扶命"的"君子"以及"有位无称"的人能够挽救局势，是可以恢复那种天然和谐的。

阮籍在《通老论》中阐述了"名教"与"自然"关系的总纲：

圣人明于天人之理，达于自然之分，通于治化之体，审于大慎之训。故君臣垂拱，完太素之朴；百姓熙怡，保性命之和。

阮籍遵循此总纲，进一步说明了"天道"和社会政治的关系。他认为

---

① 王弼《老子注》第二十九章。

73

"《易》顺天地"①，社会的等级尊卑本之于"天道"。《易·系辞》中言："天尊地卑，乾坤定矣。高卑以陈，贵贱位矣"，"治器者尚其象"，"盖取诸乾坤"。所谓政治制度、秩序取法于"天"，这个思想与魏晋玄学家所讲的"名教"出于"自然"是相通的。所以，阮籍同所有当时的玄学诸人一样都十分重视《周易》，阮籍从研究《易·系辞》得出"臣承其君"来自于"天地之道"：

> 易顺天地，序万物，方圆有正体，四时有常位，事物有所丽，鸟兽有所萃，故万物莫不一也。……是故圣人以建天下之位，定尊卑之制，序阴阳之适，别刚柔之节。顺之者存，逆之者亡，得之者身安，失之者身危。

但是，阮籍仍然很重视道家在政治制度方面的观点，采取了儒道并重的态度。他主张"名教"出于"自然"，也要因循自然，仿效自然，无为而治。他说："道法自法而为化，侯王能守之，万物将自化"②，"万物仰生，合德天地，不为而成"③。他羡慕黄帝、尧、舜"南面听断，向明而治"，"刑设而不犯，罚著而不施"④ 的政治秩序。这种儒道并重的倾向，使他所得出的结论既有道家的"无为"色彩，又有儒家的"有为"意味：

> 是以明夫天之道者不欲，审乎人之道者不忧，在上而不凌乎下，处卑而不犯乎贵。故道不可逆，德不可拂也⑤。

---

① 阮籍《通易论》。
② 阮籍《通老论》。
③ 阮籍《通易论》。
④ 阮籍《通易论》。
⑤ 阮籍《通易论》。

二、正始年后，站在"自然"的立场对"名教"激烈地批判

正始年间的玄学诸人的政治观都以"名教"与"自然"的结合作为自己的精神支柱，作为积极入世去追求的目标。然而，司马氏集团击败曹爽集团之后以卑鄙、血腥的手段一步步"禅代"曹魏，使"名教"与"自然"之结合的理论无法解释现实的丑恶。阮籍、嵇康等玄学诸人虽暂时躲过司马氏的屠刀，但承受了巨大的内心痛苦，他们不得不去做新的理论探索，特别是如何看待社会的政治，他们的新思想反映着新的历史内容，虽比何、王玄学的抽象显得有些肤浅，但所代表的意涵是沉重而且深邃的。嵇康首先喊出了"越名教而任自然"①的口号，阮籍开始抛弃儒家的济世思想，站在道家自然主义的立场上对"名教"中的荒谬、虚伪、狡诈，对现实政治的残酷、龌龊，从理论和实际日常生活行动上做最严厉的抨击。

阮籍、嵇康批判现实的"名教"违反"自然"，说明他们并没彻底地摒除"名教"，他们内心仍有一个合乎"自然"的"名教"做为样版存在着，审度着现实。这个"名教"完全不需要儒家的理论来扶持，完全倾向了道家的自然主义。嵇康曾说："古之王者，承天理物，必崇简易之教，御无为之治。……大道之隆，莫盛于兹，太平之业，莫显于此。"②阮籍更为激烈，干脆提倡"无君论"，虚构了彻底脱离社会政治的道家个体主义"大人先生"。阮籍对"名教"的批判主要在《达庄论》和《大人先生传》中（本书相关章节均有触及，此处不赘述），他日常行为对"名教"的否定可说是前无古人、后无来者的（本书第一、二章有详述）。阮籍对"名教"的批判，用他的话可一言以蔽之：

①　嵇康《释私论》。
②　嵇康《声无哀乐论》。

汝君子之礼法，诚天下残贼、乱危、死亡之术耳①！

他把那些遵从"名教"的、伪善的礼法之士比喻为裤裆里的虱子：

且汝独不见夫虱之处于裈之中乎！逃于深缝，匿乎坏絮，自以为吉宅也。行不敢离缝际，动不敢出裈裆，自以为得绳墨也。饥则啮人，自以为无穷食也。然炎丘火流，焦邑灭都，群虱死于裈中而不能出。汝君子之处寰区之内，亦何异夫虱之处裈中乎？悲夫！②

"名教"作为一种社会政治秩序、制度，一种不依人的意志为转移的定型化了的政治伦理，是人的社会本质及各类政治行为关系的外在表现形式，或称之为"本质力量的异化"③。涉入其中的人们，有的在异化中感到自我的肯定，感到自我的实现；也有人在异化中感到自我的迷失、否定。如果在整个社会政治生活中感到肯定和自我实现的人数多于感到否定和自我迷失的人数，那么这个社会的政治制度大体上可以稳定和维持均衡。反之，如果多数人感到在一种政治制度下倍受压抑，无法实现自身价值和自我的肯定，那么这个社会的政治就要动荡不安，处在危机之中了。正始年间，曹爽、何晏的政治改革，使知识阶层基本能感到自我肯定，理想与现实的冲突未达对抗的程度，因而玄学诸人有可能把"名教"与"自然"的关系，上升到哲学的高度去做逻辑思辨。到了"高平陵之变"，司马氏主政后，政治危机接连不断，知识阶层倍感压抑和迷失。理想与现实的对立在理论上也就转变为"自然"与"名教"的对立了。

---

① 阮籍《大人先生传》。
② 阮籍《大人先生传》。
③ 余敦康《阮籍、嵇康玄学思想的演变》，见《文史哲》1987 年 3 月号。

阮籍政治思想的主旨就是这种异化的客观反映，反"名教"的言行多么的惊世骇俗，但其中所蕴含着极为深沉的忧患意识和复杂的彷徨无依的心理历程。这种心理历程既表现在对"名教"的否定之中，又寓含在对"自然"的追求之中。恰恰因为"名教"是一种无法超越的现实政治制度，脱离它意味着政治生活的消失或生命的死亡。所以，阮籍的自我意识、自身价值，既不能在"名教"中得到实现，又无法在"自然"中找到安歇和寄托。阮籍内心的痛苦是无法用言语表达的，"时率意独驾，不由径路，车迹所穷，辄恸哭而反"[1]。即使是塑造"大人先生"做精神的支柱，但因无法对社会现实产生影响，仍不能于其中实现自我的肯定。自我意识无法在自我创造的精神境界中得到安歇，这是古往今来一切有精神格调和自我意识，有人类责任感的知识分子的悲剧。远有屈原"吾令羲和弭节兮，望崦嵫而勿迫。路曼曼其修远兮，吾将上下而求索"[2]。近有王国维（1877—1927 年）自沉昆明湖。阮籍的悲剧亦在于此，他原本完整的逻辑体系崩裂了，甚至无法用抽象思辨来编织，他在"名教"中看到了自我的毁灭而非自我意识的张扬与实现。他在"自然"中找不到真正的逍遥（自我肯定），被现实逼回到"名教"中，情感上又要抵触它，他无法摆脱苦痛。

---

① 《晋书》卷四十九，《阮籍传》。
② 屈原《离骚》。

第六章　阮籍的伦理思想

第一节　"名教"危机之下的伦理

　　魏晋"名教"比汉末士人"入世求仕"时的道德品评更为广泛、深入地浸透于社会生活的各个层面，成为一种道德、伦理秩序。其中"君臣"、"父子"两伦更被视为整个伦理的基础。随着战乱、逆篡时起，豪强世族势力扩大，"父子"之伦（家族秩序）在道德价值方面超过了"君臣"之伦（政治秩序可以随时变更）。"孝"的观念成为"名教"中最为重要的道德准则。袁宏（328—376 年）评论道：

　　　　夫君臣父子，名教之本也。然则名教之作，何为者也？盖准天地之性，求自然之理，拟议以制其名，因循以弘其教，辨物成器，以通天下之务者也。是以高下莫尚于天地，故贵贱拟斯以辨物；尊卑莫大于父子，故君臣象滋以成器。天地，无穷之道；父子，不易之体。夫以无穷之天地，不易之父子，故尊卑永固而不逾，名教大定而不乱。置之六合，充塞宇宙，自今及古，其名不去者也①。

家族伦理放在政治秩序之上，显然是为门阀制度以及乱世之僭越行径辩护的。这表明了魏晋时期原来以"政治秩序"、"君臣关系"为中心的"名教"发生了危机，这是政治危机的体现；那么魏晋礼教所面临知识阶层的强力挑战似可视之为"名教"的另一次危机，即伦理方面的危机。

汉末天下大乱，君臣关系的伦理崩解自不待言，由于知识阶层对乱世中生命轻如草芥有极深的体验，故视道德伦理为多余之物，极尽享受生命欲念之能事。东晋葛洪（283—363年）描述道：

汉之末世……蓬发乱鬓，横挟不带。或以裹衣以接人，或裸袒而箕踞。朋友之集，类味之游，莫切切迫德，阖闾修业，攻过弼违，讲道精业。其相见也，不复叙离阔，问安否。宾则入门而呼奴，主则望客而唤狗。其或不尔，不成亲至，而弃之不与为党。及好会，则狐蹲午饮，争食竞割，掣拔淼折，无复廉耻。以同此者为泰，以不尔者为劣。终日无及义之言，彻夜无箴规之益。诬引老庄，贵于率任。大行不顾细礼，至人不拘检括。啸傲纵逸，谓之体道。呜呼惜乎，岂不哀哉②！

葛洪又言：

闻之汉末诸无行，自相品藻次第。群骄慢傲不入道检者为都魁雄伯、四通八达，皆背叛礼教而从肆邪僻。讪毁真正，中伤非党：口习丑言，

---

① 袁宏《后汉纪》卷二十六，"初平二年条"。
② 葛洪《抱朴子·外篇》卷二十五，《疾谬》。

身行弊事。凡所云为，使人不忍论也①。

可见，到魏晋时，以"孝"为准则的家族伦理基础之上的一套繁文缛节的"名教"受到士人阶层的挑战。"他们既认定六经礼律都是抑性犯情的，则不但君臣之伦要打破，其他一切人伦关系的价值也都不能不重新估定了"②。嵇康"薄汤武而非周孔"、"越名教而任自然"，就是要抛弃礼律：

六经以抑引为主，人性以从欲为欢；抑引则违其愿，从欲则得自然。然则自然之得，不由抑引之六经；全性之本，不须犯情之礼律③。

这些悖礼的行为与思想，与其说是政治秩序崩解、重建过程中士人对政治的极度不信任，毋宁说是乱世中个人主体意识觉醒后，对一切精神桎梏的蔑视与激进的否定。在伦理方面，所有社会人文的装饰都要将其揭开，审视一下人性自然的本来面目。比如对父子关系，赤裸裸地说这就是父亲对母亲发情的结果；对母子关系，直截了当地讲这就是寄养于她的身体，离体后就没有关系了。汉末孔融（153—208 年）曾对狂士弥衡（173—198 年）说："子之于父，尝有何亲？论其本意，实为情欲发耳。子之于母，亦复奚为？譬如寄物瓶中，出则离矣。"④ 这种骇世惊俗的真言表面上是受东汉朴素唯物论、道家自然主义学者王充《论衡》一书的启发：

夫天地合气，人偶自生也；犹夫妇合气，子则自生也。夫妇合气，

① 葛洪《抱朴子·外篇》卷二十七，《刺骄》。
② 余英时著《士与中国文化》，上海人民出版社，1988 年版，第409 页。
③ 《嵇康集·难自然好学论》。
④ 《后汉书》卷七十，《孔融传》。

80

非当时欲生子，情欲动而合，合而子生矣。且夫妇不故生子，以知天地不故生人也①。

王充之论是为破儒家谶纬神学目的论，申其"自然一气"的朴素唯物论，尚无伦理、人性之义。而孔融以此喻破"孝"为根砥的伦理价值观，直指道德、人性的本质。王充《论衡》的本旨不在否定"礼教"，而在破除迷信、鬼神。但是，他直通道家自然主义的诸多观念为汉末魏初的玄学士人所运用，不仅助清谈之势，亦引之否定名教。特别是中原战乱，世族大家南迁避祸于荆襄一带，《论衡》竟然成为荆州学派清谈的参考书，后曹操收降荆州，大批世族回还京师，遂在建安时于哲学、文学上大起玄风，在伦理上亦出异行。孔融、祢衡对"孝"的原则提出非难，直接给曹操出了难题，因为当时否定君臣关系已成时尚，不足为怪，但否定父子关系则有些过分了，因为它有指向豪强割据中的家族伦理、家臣对主子的服从原则之嫌。后来，孔、祢二人都遭杀身之祸。

阮籍亦受《论衡》之影响，同样赋予其反礼教的涵义。如"君子之处域内，何异夫虱之处裈中乎?"② 这句话显然脱胎于王充的"故人在天地之间，犹蚤虱之在衣裳之内"③。当然，阮籍"虱之处裈"之喻或受《庄子·徐无鬼》中的"豕虱"之启迪④，但文意则出于《论衡》。阮氏家族对《论衡》一书都很重视，如阮咸之子阮瞻"素执无鬼神"⑤，阮籍从子阮脩（生卒不详）也曾引用王充"衣有鬼乎?"来论证"无鬼"⑥。可见阮氏家族伦理之中

---

① 王充《论衡·物势》。
② 阮籍《大人先生传》。
③ 王充《论衡·变动》。
④ Holzman Poetry and Polities, P. 277, note 13.
⑤ 《晋书》卷四十九，《阮瞻传》。
⑥ 《世说新语·方正》。

有受道家和朴素唯物论熏陶之因素。

汉末士人否定"名教"的另一个原因是，东汉以来的选官察举制度，以及大家族"累世同居"①的家族生活形态，掺杂了太多的虚伪成分，比如士人皆以"孝"名为进身之阶，然而却是"举秀才，不知书，察孝廉，父别居"②的虚伪礼教盛行，虚礼与伦理之真情已不能相应。崇尚道家自然主义的玄学诸人认定"情"比"礼"更重要，如此则"孝"的表现形式、伦理道德的表现形式也为之一变，只要表达内心情感，一切的道德规范、行为模式都可以抛之脑后。汉末的戴良（生卒不详）开了居丧不守礼，放纵真情的先例：

> 及母卒，兄伯鸾居庐啜粥，非礼不行。良独食肉饮酒，哀至乃哭，而二人俱有毁容。或问良曰：子之居丧，礼乎？良曰：然。礼所以制情佚也，情苟不佚，何礼之论？夫食旨不甘，故致毁容之实，若味不存口，食之可也③。

到阮籍时似已成风气，"情"之纵可以逾"礼"：

> 阮步兵丧母，裴令公往吊之。阮方醉，散发坐床，箕踞不哭。裴至，下席于地，哭吊喭毕，便去。或问裴：凡吊，主人哭，客乃为礼，阮既不哭，君何为哭？裴曰：阮方外之人，故不崇礼制；我辈俗中人，故以仪轨自居。时人叹为两得其中④。

---

① 越智重明《累世同居の出现そめぐいて》，《史渊》第100号，1968年3月，第119 – 132页。
② 葛洪《抱朴子·外篇》卷十五，《审举》。
③ 《后汉书》卷八十三，《戴良传》。
④ 《世说新语·任诞》。

这些逾"礼"之人必须在学问上表现出尊崇道家，被视为"方外之士"，否则信奉儒学，行为乖张，则会为世人所不齿。

"孝"的礼法为"真情"之流露所击垮，那么"尊卑"的伦理观念也就被"至亲"之"真情"取代。此时，人伦关系讲究"至亲"甚于"尊卑"，出现了儿子直呼父亲名字的行径，兄弟、朋友之间异常亲昵，几至于今日所称同性相恋的程度。这在今天的东方人社会伦理之中也是不能容忍的。但是，在魏晋可以，简单说来就是"亲"、"情"压过了"礼"、"法"，魏晋玄学名士的父子、兄弟关系已超出了儒家血脉传承教之养之礼法关系，成为在道家理念上志同道合的同志了。如胡毋辅之与儿子谦之的关系：

> 谦之字子光。才学不及父，而傲纵过之。至酣醉，常呼其父字，辅之亦不以介意，谈者以为狂。辅之正酣饮，谦之窥而厉声曰：彦国（按：辅之字）年老，不得为尔！将令我尻背东壁。辅之欢笑，呼入与共饮①。

王戎丧子，更流露其至情至性：

> 王戎丧儿万子，山简往省之，王悲不自胜。简问：孩抱中物，何至于此？王曰：圣人忘情，最下不及情；情之所钟，正在我辈！简服其言，更为之恸②。

魏晋时代的夫妇关系在玄学士人那里也发生了同样的变化，即"情"代替了"礼"。"我不卿卿，谁当卿卿"③几乎成为那时世族大家妇女的风尚，

① 《晋书》卷四十九，《胡毋辅之传》。
② 《世说新语·伤逝》。
③ 《世说新语·惑溺》。

用今天的话来说就是：我不和我的丈夫亲热，谁来和我的丈夫亲热呢？夫妇关系这类现象被礼法之士称为"末世之俗"①，但业已形成风气，葛洪在《抱朴子》一书中描述道：

> 今俗妇女……舍中馈之事，修周施之好，更相从诣之适亲戚，承星举火，不已于行，多将侍从，晻晔盈路，婢使吏卒，错杂如市；寻道褰谑，可憎可恶。或宿施他门，或冒夜而反，游戏佛寺，观视渔畋；登高临水，出境庆吊；开车褰帏，周章城邑；杯觞路酌，弦歌行奏。转相高尚，习非成俗②。

这些现象大致可说是当时上层社会妇女的生活时尚，从妇女如此不受限制似可看出魏晋时期夫妇之间的关系亦如父子关系一样"亲至"、"亲密"③。西晋时束晳撰《近游赋》④ 概括为"妇皆卿夫，子呼父字"。士大夫阶层已不重名教，人们用亲情取代了礼法，"尊卑"的各类社会关系似乎都随着君臣关系实质意义的改变而重归人类情感的范围内，这也是乱世之必然呀！

第二节　人生哲学与伦理精神

魏晋玄学是有别于汉代经学谶纬之说的"天人新义"，不仅以新的本体哲学超越了汉儒，而且以新的伦理精神塑造了人格，形成新的人生哲学。阮籍就是在这一玄学思潮流变的大脉络下，自觉地实践了伦理精神的人格化，重

---

① 《三国志》卷二十二，《卫臻传》载："夏侯惇为陈留太守，举臻计吏，命妇出宴，臻以为末世之俗，非礼之正。惇怒，执臻，既而赦之。"
② 葛洪《抱朴子·外篇》卷二十五，《疾谬》。
③ 葛洪《抱朴子·外篇》卷二十五，《疾谬》。
④ 严可均辑《全晋文》卷八十七。

新寻求安身立命之本。

正始时期，玄学开始注重理想人格的问题①，提出了"圣人"说。何邵在《王弼传》中道："何晏以为圣人无喜、怒、哀、乐，其论甚精，钟会等述之。弼与不同。"② 玄学名士都视"圣人"为理想人格之代表，体现绝对的伦理精神，不过他们在"圣人"是否有情的问题上意见不一，观点各异。何晏等人认为，"圣人""与无同体"，所以一切欲念情感，也都具有"无"这一本体的属性，虚而化之。王弼认为，"圣人茂于人者，神明也。同于人者，五情也。神明茂，故能体冲和以通无；五情同，故不能无哀乐以应物。然则圣人之情，应物而无累于物者也。今以其无累，便谓不复应物，失之多矣"③。王弼突出了"圣人"的异乎常人的智慧，这种智慧可以体验"无"的本性，"圣人"又有情感，但可以用体验"无"的理性来驾驭情感。

何晏、王弼的"圣人说"之理想人格仍未摆脱以"道"（"无"）为基础。到了正始中后期，玄学名士中如阮籍开始把注意力转向庄子学说，注重生命之体验，生命意识高涨，个人意识觉醒，于是理想人格的主调开始抛弃哲学意义上的"道"，靠向自然伦理之人格，提出了"大人"精神与其理想。阮籍所倡导的"大人"精神，与当时的反社会政治之隐匿山林者孙登有直接的关系。《魏氏春秋》记载：

籍少时尝游苏门山，苏门者有隐者，莫知姓名，有竹实数斛，臼杵而已。籍从之与谈太古无为之道，及论五常三王之义。……籍乃假苏门先生之论以寄所怀④。

---

① 辛旗《中国历代思想史·魏晋南北朝隋唐卷》，文津出版社，1993 年版，第 55 页。
② 《晋书·钟会传》。
③ 《晋书·钟会传》引何邵《王弼传》。
④ 《三国志·魏书》卷二十一注引《魏氏春秋》。

阮籍寻访隐士之时，是在"高平陵之变"后。适时，名士多被司马氏杀戮，余者或趋炎附势，或遁隐山林。避隐成为时尚，这是唯一能保存个人意识依旧独立的方法，不过要遭受生活之困苦与远离时世之孤寂。阮籍无法归隐，但竭力地以放浪猖狂之怪举于官场上自造山林，权且充作归隐，痛苦异常，其"寄所怀"就是要塑造一种虚幻的人格理想，以体现他的个人向往的绝对伦理精神，这个虚幻的影像即是"大人先生"。

归隐山林之"大人先生"与王弼理想中的"圣人"有不同的意义。其一，"大人先生"不具有绝对圆通的智慧，而是"不知"、"不见"，无意于是非，是不愿多管时世的闲者、处士，只愿与自然之理冥合。"至人者，不知乃贵，不见乃神，神之道存乎内，而万物运于外矣，故天下终不知其用"①。他顺应自然规律，对社会上一切人为的事物，不愿理会，也不愿究其原委，只求内心的平静。阮籍在生活中为求达成这种理想和人格境界，借酒麻醉，制造山林归隐之氛围，"口不臧否人物"，竭力自我解脱。其二，"大人先生"既然与道同体，顺应自然之法则，那么，他不仅超越是非、善恶的界限，而且超越生与死的界限。阮籍借樵夫之口表达了这种意境：

> 枝叶托根柢，死生同盛衰；得志从命升，失势与时隤。寒暑代征迈，变化更相推；祸福无常主，何忧身无归②。

道家讲人之生命如同植物之盛衰枯荣、季节之寒暑代往，乃自然之法则，无所谓哀乐。"大人先生"既然与道同体，当然也了解生死之理，故能超越于

① 阮籍《大人先生传》。
② 阮籍《咏怀诗》。

生死之外，超越人世间对生死的哀乐情感，遵从自然盛衰生长之理。

其三，游乎生死之间乐而忘返，若不与道同体，不视之为绝对的自然伦理精神，那也不过是游侠剑客义士高者的精神境界，仍留在社会人伦的秩序里。在阮籍看来，"大人先生"与自然同体，与道合一是营造一种绝对的个人伦理精神境界，他所遵循的伦理法则就是自然的秩序、自然的法则、自然的伦理。所以他在《大人先生传》中这样写道：

> 至人无宅，天地为客；至人无主，天地为宗；至人无事，天地为故。
>
> 超世而绝群，遗俗而独往，登乎太始之前，览乎汒漠之初，虑周流于无外，志浩荡而自舒，口飘飘于四运，翻翱翔乎八隅。

从王弼之"圣人"与阮籍之"大人先生"的差异似可以看出："圣人"是积极入世的态度参与现实生活，其内在心灵深处潜藏着强烈的社会使命感和政治伦理倾向；而"大人先生"则以逍遥避世的态度摆脱现世，全身保命，其境界是个人的修养与绝对的自然伦理倾向。这两种不同的人格理想、人生哲学，都是魏晋之际社会政治生活、伦理规范剧变的必然结果。从"圣人"理想的政治伦理精神到"大人先生"理想的自然伦理精神之演变过程，体现了玄学诸人人生哲学、人格心理认同上的突变。若从年龄上讲，阮籍不仅年长于王弼，而且比王弼寿命长，经历了正始之后血腥镇压时期，对《庄子》一书主旨的理解比正始中更为深刻。如果说王弼心中的"圣人"人格是孔子与老子的合一，儒家与道家的合一，体现"有为"与"无为"，"自然"与"名教"统一的政治伦理精神。那么，阮籍所虚拟的"大人先生"犹如《庄子》书中的"真人"一般，是一种超越、超脱之境界的象征，是自然伦理的体现。正如今人丁怀轸、丁怀超两位先生所评价的："这种由入世到超越、从外倾到内收的人格理想的转变，不仅仅折射出社会从常态走向病态的变迁，而且体现出历史发展的悲剧色彩。历史地看，人如若仅仅有入世的态度而缺乏超越的精神，固然无法成就理想的人生，但如若大家都去充任远举高蹈、超然傲世的"大人"，不仅无以推进历史的进步，怕是连人类的生存本身也难以维持。因而，真正理想的人生，应该是务实与超越、外倾与内收的统一，然而，王弼和阮籍都没能真正把握这种理想人格。"①

当然，阮籍的人生哲学与对绝对伦理的追求也受了他早年的生活际遇以及他性格的影响。在本书第一章，述及阮籍生平时，曾多次讲到他对母亲的孝顺，对女性的崇敬，已变为一种心理的情结，这情结外化为他对自然界、对人生那种细腻的体悟与感伤，那种对人间真情的真挚、诚恳的追求与向往。

第三节　在自我意识中寻找伦理的根据

阮籍虽在玄学理论上欣赏庄子学说中万物齐一、和光同尘的观点，然而他的自我意识极强，人格之觉醒非同时代诸学人可比。他表面上痴行狂态颇多、忽忘形骸，但是他绝非不辨是非，与世俗同流合污之人。他用"狂"、"放"、"醉"、"痴"等隐蔽方式在乱世中掩盖其自我意识和脱俗的人格，也用这些变态的方式将好恶随意地形诸于色。他"能为青白眼，见礼俗之士，以白眼对之"，对旷达之士"乃见青眼"，"由是礼法之士疾之若仇"②。他的自我意识以及营造这种意识的痴态狂行就是他伦理的最佳依据和最好的表达方式。

一、揶揄礼法之士，尽讽天下伦常

如本章第一节所述，阮籍把礼法之士喻为寄生于人裤裆之中的虱，遭遇

---

① 丁怀轸、丁怀超《阮籍与魏晋玄学的演变》，《浙江学刊》双月刊，1989 年第 6 期（总第 59 期）。

② 《晋书》卷四十九，《阮籍传》。

火焰即亡。那么这些礼法之士所尊崇的正是毫无人格觉醒、自我意识的泛政治化的儒家伦常，阮籍讽道：

> 服有常色，貌有常则，言有常度，行有常式。立则磬折，拱若抱鼓，动静有节，趋步商羽，进退周旋，咸有规矩。心若怀冰，战战栗栗；束身修行，日慎一日。择地而行，唯恐遗失。诵周、孔之遗训，叹唐、虞之道德。唯法是修，唯礼是克。手执珪璧，足履绳墨。行欲为目前检，言欲为无穷则。少称乡间，长闻邦国。上欲图三公，下不失九州牧。故挟金玉，垂文组，享尊位，取茅土，扬声名于后世，齐功德于往古。奉事君上，牧养百姓，退营私家，育长妻子。卜口吉宅，虑乃亿祉；远祸近福，永坚固已。此诚士君子之高致，古今不易之美行也。①

阮籍笔锋犀利地转而痛斥曰："争势以相君，宠贵以相加……上下相残……竭天地万物之至，以奉声色无穷之欲。""坐制礼法，束缚下民，欺愚诳拙，藏智自神。""假廉而成贪，内险而外仁。罪至不悔过，幸遇则自矜。""汝君子之礼法，诚天下残贼、乱危、死亡之术耳！而乃自以为美行不易之道，不亦过乎！"②

二、提倡"圣人无为"的绝对伦理，就是一种昂扬无忌的自我意识

这种自我意识的伦理情境是与自然界同体的，表现有三：

其一，恬于生而静于死。"至人者，恬于生而静于死。生恬，则情不惑；死静，则神不离。故能与阴阳化而不易，从天地变而不移。生究其寿，死循其宜，心气平治，消息不亏"③。其二，至人无为、无欲不争、认是非而纠缠

---

① 阮籍《大人先生传》。
② 阮籍《大人先生传》。
③ 阮籍《达庄论》。

其中。"求得者丧，争明者失，无欲者自足，空虚者受实。夫山静而谷深者，自然之道也；得之道而正者，君子之实也。是以作智造巧害于物，明著是非者危其身，修饰以显洁者惑于生，畏死而荣生者失其贞"①。所以要"至人无事，天地为故"②，方能达到彻底把握自我意识的境界，"聊以娱无为之心，而逍遥于世"③。其三，至人旷达不羁，该是自我意识与人格绝对地张扬与膨胀。阮籍为伦理人格所描述塑造的自我意识之化身——"至人"的特性是"必超世而绝群，遗俗而独往"，他把天地看得很小，"先生以为中区之在天下，曾不若蝇蚊之着帷"。"至人"把天下做为自己的住房，所谓"廓无外以为宅，周宇宙以为庐"。"至人"是从生活的外在形式与精神的内在气质都能体现"自然"（道），"夫大人者，乃与造物同体，天地并生，逍遥浮世，与道俱成，变化散聚，不常其形"。"至人"非比寻常，不能同一般人相处，"人不可与为俦，不若与本石为邻"。"至人"不牵就于俗世，卓然独立，"不希情乎世，系累于一时"，"不以世之非怪而易其务"。"至人"的伦理道德的标准也不同于世俗之人，他不拘小节，亦不享清名，以自身之是非睥睨时世，"细行不足以为毁，圣贤不足以为誉"。"至人"的行为更不能用世俗的眼光来评价，"如小物细人欲论其长短，议其是非，岂不哀也哉！"④。

阮籍的这种强烈的排斥俗世常规的自我意识，在伦理方面所展现的那种超乎现实、无是无非、无情无感的道德理想（他拟人化地描述为一个具体的人物——"大人先生"）绝非是因他的玄远哲思及孤僻的行为举止所致，他所处的时代要负相当的责任。正是那个充满血腥杀戮的时代，才能激发出那么强烈的生命意识；正是那个随意扼杀异端思想的时代，才能酝酿出那么激扬

---

① 阮籍《达庄论》。
② 阮籍《大人先生传》。
③ 阮籍《大人先生传》。
④ 以上零散引文皆出于阮籍的《大人先生传》。

的个人意识、主体精神。大痛大悲之际，方会有大彻大悟。魏晋知识份子为求得安身立命在肉体和精神上所经受的双重苦难，是生活在今天现代社会中的人们难以理解的。我们只能从他们，包括阮籍的行状与思想、著作、文章中去感受那旷古的悲观情调和激扬高标的主体意识，尤其是绝对的道德伦理理想和惨淡悲凉、空灵虚渺的人生观。

让我们再感悟一下阮籍《咏怀诗》中流露的底蕴深意：

一身不能保，何况恋妻子。（其三）

生命无期度，朝夕有不虞。（其四十一）

朝为美少年，夕暮成丑老。（其四）

岂知穷达士，一死不再生。（其十八）

人生若尘露，天道竟悠悠。（其三十二）

开轩临四野，登高望所思，丘墓蔽山冈，万代同一时。（其十五）

阮籍于理想的道德境界中，追求"大人先生"的逍遥，但他从没有忘却现实的险恶与苦痛。他的自我意识业已上升到一个更高的层面：绝对的伦理不仅是为了反抗现实虚伪的"名教"，更是为了抵御生命欲念中对死亡的恐惧，为了心灵在时世的流变和亘古的孤寂中寻找安歇。

第七章　阮籍的美学思想

第一节　"乐"的境界在于"万物一体"

阮籍的美学思想是建立在"自然"这一概念之上的，与其自然本体论是一致的（参见本书第四章），而且贯穿了儒、道相通的思想。他早期的著作《乐论》虽然儒家礼教思想所占比重较大，但在论及"乐"与"美"的关系时，基本上与其后来成熟且成体系的思想相吻合。《乐论》的成书背景及作者意图，本书第一章已有论述，此章中心是要说明为何儒家言"移风易俗，莫善于乐？"这就涉及了"乐"的本质和社会功能的问题，属于美学的范畴。

"乐"之所以历来为古代思想家所重视，大致源于其起初的、明确的社会功用。原始祭祀中，"乐"与巫师的作法是相通的，与部落首领领导祭祀的威严是相合的。祭祀以及部落庆典中的舞乐可以通过和谐愉悦的感受来维系群体的生活，"乐"施予部落成员共同的主观感受，从而将氏族在日常祭祀、征战、庆典时团结起来。先秦儒家，尤其是属于荀子（约前313年—前238年）学派的《乐记》一书详论了"乐"的问题。而阮籍论"乐"结合了魏晋时代

92

的变化，重新理解"乐"的本质，他"乐论"的中心是从"乐"的本体来论述"乐"的功能；说明"正乐"（雅乐）与"淫声"的区别；"礼"与"乐"的不同作用；"乐"的变与不变等问题，最后阐发主旨——反对以"哀"为"乐"。

一、"乐"的本体与"乐"的功能不可分离

阮籍用天地自然和谐来说明音乐的和谐，进而指出音乐的社会功用，这是儒家由来已久的看法，与荀子的"大乐与天地同和"[①] 相似。阮籍说：

> 夫乐者，天地之体，万物之性也。合其体，得其性，则和；离其体，失其性，则乖。昔者圣人之作乐也，将以顺天地之体，成万物之性也。故定天地八方之音，以迎阴阳八风之声，均黄钟中和之律，开群生万物之情气。
>
> 乾坤易简，故雅乐不烦。道德平淡，故无声无味。不烦则阴阳自通，无味则百物自乐，日迁善成化而不自知，风俗移易而同于是乐。此自然之道，乐之所始也[②]。

阮籍比先秦儒家更为明确地强调"自然"为"乐"的本体，并说"自然之道，乐之所始也"，这与他的自然观"万物一体"是一致的，是其《乐论》及全部美学思想的哲学基础。他从这一基础出发，对"乐"反映出"自然"统一性之本性的外在功用，做了充分的论证。他说：

> 故八音有本体，五声有自然，其同物者以大小相君。有自然故不可

① 《荀子·乐记》。
② 阮籍《乐论》，见《阮籍集》。

乱，大小相君故可得而平也。若夫空桑之琴，云和之瑟，孤竹之管，泗滨之磬，其物皆调和淳均者，声相宜也；故必有常处。以大小相君，应黄钟之气，故必有常数。有常处，故其器（气）贵重；有常数，故其制不妄。贵重，故可得以事神；不妄，故可得以化人。其物系天地之象，故不可妄造；其声似远物之音，故不可妄易①。

阮籍所言音乐之"八音"、"五声"皆出于"自然"之"本体"。因体于自然，故不乱，而且声音错落有致，井然有序、和谐。这种音乐的"常处"（各自相宜的位置，相当于现在所说的音调）和"常数"（相互和谐所需的音量，相当于现在所说的频率、旋律）是有规律可循，而且不能随意更改的。在享受音乐之美时，体验这种自然的和谐，就会明白人类社会也该有伦理道德和人际关系的自然和谐，从这一角度就能理解"乐"有"移风易俗"的社会功用。"常数"与音乐的相关问题，先秦的乐论到《吕氏春秋》都有论及，但都不如阮籍所讲的这样具有理论意义："数"的概念运用已经触及到美所应具有的"自然合规律性在数量关系上的表现"②。阮籍从自然观"万物一体"立论，推衍出任何一种现象、领域都反映着自然本体的统一性，"乐"的本体与功用概莫能外。

二、"乐"的作用在于"四海同其欢，九州一其节"

阮籍认为，"男女不易其所，君臣不犯其位；四海同其欢，九州一其节。奏之圜丘而天神下，奏之方丘而地祇上。天地合其德，则万物合其生，刑赏不用而民自安矣"。又言："先王之为乐也，将以定万物之情，一天下之意也，

---

① 阮籍《乐论》，见《阮籍集》。
② 李泽厚、刘纲纪主编《中国美学史》第二卷上，中国社会科学出版社，1983 年版，第 169 页。

故使其声平，其容和，下不思上之声，君不欲臣之色，上下不争其忠义成。"①
阮籍重视的不仅限于"乐"具有的政治伦理道德的社会教化功用，而且更强调"乐"所令人达成的理想的精神境界，即和谐、统一、相互包容的境界，自然一体、万物一体的境界。这就是阮籍所说"和"的境界。这种论"乐"之作用，已经将其与魏晋玄学的主调——理想人格（圣人）的本体论之建构结合在一起。阮籍设定：只要社会贯彻"万物一体"之原则，其"乐"也将体现这种社会的和谐，从而达到"四海同其欢"的境界。

"乐"之作用以及境界的达成与社会道德无疑产生了本体论上的有机联系，所以说"上下不争而忠义成"，"乐"之境界的实现是同君臣、男女、上下、尊卑的社会等级及道德伦理不能分离的。但是，并非要将"乐"引向伦理道德，而是用"乐"的作用引导人们以遵循社会道德的方式，将情感引向"自然一体"、"万物一体"。这一点上，阮籍与先秦儒家荀子的《乐记》有很大的区别。荀子所说的"乐"（欢乐）指的是人的欢悦情感，它不一定符合儒家所说的政治伦理道德，故而要"先王制乐（音乐）"② 加以规范，使之符合伦理。阮籍虽然也主张"乐"之感受要符合伦理原则，但他以"乐"（欢悦）为"乐"的本质，所指非欢悦的情感表现，而是"自然一体"的和谐的精神境界，具有既不违背伦理原则，又超越道德的形而上学之意义。因为，如若达到"万物一体"的境界，本身就包含了自然的和谐与社会的和谐，道德伦理亦在其中矣。阮籍对"乐"的作用之论述与儒家传统的乐论所存在的根本区别是：儒家主张"以道制欲"；阮籍主张"以欲同道"。阮籍在《乐论》中谈到孔子在齐闻《韶》乐的故事时说：

---

① 阮籍《乐论》，《阮籍集》。
② 荀子《乐记》。

故孔于在齐闻《韶》，三月不知肉味。言至乐使人无欲，心平气定，不以肉为滋味也。以此观之，知圣人之乐，和而已矣。

这里所言"无欲"非"灭欲"、"制欲"，而是人我合一、天人合一、摒主观"私欲"去"与道同体"。

三、"乐"的本质是"乐"而非"哀"

阮籍所处的时代是一个充满悲哀的时代，哀伤之感已成为一种普遍的社会心理与时代氛围，这种哀伤的气氛从汉末以降愈来愈重，知识阶层出于无奈的心理，出现了"以哀为乐"的论调。而阮籍在青年时代写作《乐论》时，以乐观向上的人生态度，确信"乐"的最高目的应当是使一社会避免残杀而永至欢悦、和谐。因此，他认为"乐"的本质是"乐"（欢乐），而不是"哀"。这一结论是从他的本体论中推理得来的，并与他所处的时代氛围、历史环境紧密相关。阮籍在《乐论》中指出：

诚以悲为乐，则天下何乐之有？天下无乐，而欲阴阳调和，灾害不生，亦已难矣。

乐者，使人精神平和，衰气不入，天地交泰，远物来集，故谓之乐也。今则流涕感动，嘘唏伤气，寒暑不适，庶物不遂，虽出丝竹，宜谓之哀。……故墨子之非乐也，悲夫以哀为乐也。比胡亥耽哀不变，故愿为黔首；李斯随哀不返，故思逐狡兔。呜呼！君子可不鉴之哉！

阮籍列举了许多史实说明"以悲为乐"、"以哀为乐"是错误的。他借古喻今，针对当时社会各阶层惶惶不可终日的悲哀心态，希望通过"乐"来改变那个时代的大氛围，给人们一种欢悦向上的激情，从世事变故的哀伤中解脱出来。然而，这谈何容易，后来阮籍体验到社会的辛酸苦辣，写下了大量悲哀伤感的《咏怀诗》（本书第八、九章对此有专论）。他曾经这般讲道："吾尝游元父，登其城，使人愁思。作赋以该该之，言不足乐也。"① 现实的哀伤，怎能不使"乐"也哀伤凄切呢！

然而，阮籍早年还是积极地继承了古代乐论人生论的儒家传统，"没有因为人世的悲哀而完全掉入否定人生的悲观主义"②。从美学理论看，阮籍将"悲"、"哀"和"乐"对立起来，排除于"乐"之外，否定其美感的价值，是有局限性的。"乐"（欢乐）的实现是一个复杂的过程，不能脱离"悲"、"哀"，而正是在对其充分地展现过程中，才能显示出人类追求"乐"（欢乐）的伟力和崇高的精神境界。也正是因为这一点，阮籍的《咏怀诗》中所包括的"哀"、"怨"、"悲"、"愁"、"忧"、"愤"，才能有极大的心灵震撼力，以及强大的美感的价值。但是，我们还是能够理解阮籍在那个特定时代的奋发向上的热情，那种充满理想的追求和对社会良好的期待。

阮籍除了论述"乐"的境界主题之外，在《乐论》中还阐述了"乐"与"礼"的关系，提出"礼治其外，乐化其内"的观点；讲到"乐"的变与不变，提出了"乐与时化"，"至于乐声，平和自若"的观点；论及"雅乐"（正乐）与"淫声"的不同，提出了"雅乐"的特征是"周通"、"质静"、"易简"、"静重"的观点，等等。以上这些问题的论述与传统的儒家观点基本相同，而且在一些方面比之更为保守，在理论上也缺乏创新。这反映了阮籍早年有"济世志"时，希望以儒家的理想匡扶社会，用道德伦理的原则拯救乱世，同时又秉承了父辈"建安风骨"的气概。

---

① 阮籍《元父赋》，《阮籍集》。
② 李泽厚《试谈中国的智慧》，《中国古代思想史论》，人民出版社，1985 年版。

第二节　美感的心理状态在于"清虚寥廓"

阮籍对"美"的看法集中在《乐论》、《咏怀诗》、《清思赋》及《大人先生传》几部作品里。其中,《清思赋》专论了美感的心理状态,贯穿于阮籍整个艺术思想。《清思赋》是一篇抒情又富有哲理性的文学作品,描述了作者夜不能寐,起坐弹琴,随美妙琴声飘然登上天仙境,遇嫦娥、织女,与之同乘龙而游太空,后遇喜悲诸景,终至产生"既不以万物累心兮,何一女子之足思?"[1],遂决然与织女长辞,赋的开篇就提出了何为"美"的问题:

> 余以为形之可见,非色之美;声之可闻,非声之善。……是以微妙无形,寂寞无听,然后乃可以睹窈窕而淑清。夫清虚寥廓,则神物来集;飘飘恍惚,则洞幽贯冥;冰心玉质,则皦洁思存;恬淡无欲,则泰志适情。

若从美学的角度看,这段话概括了美感产生的心理状态:"微妙无形,寂寞无听","清虚寥廓","飘飘恍惚","冰心玉质","恬淡无欲"。在这类主观心理状态之下,才会有美感的产生,依阮籍来看,"美"是一种精神玄虚、摒除杂念之下的纯粹的心理感受。既类似于老庄"涤除玄览"的主观认知方式,又带有明显的魏晋审美心理和取向。下面分三方面申述之。

一、"美"是超越物质性感知的精神境界

阮籍所追求的是一种超越物质性的(形色音声)精神性的美。此种"美"不同于儒家政治伦理所规定的"美",是个人超越世俗、是非、善恶的

---

① 阮籍《清思赋》,《阮籍集》。

一种宁静、洁清、纯粹清虚的精神状态。引发"美"的感知有赖于物质性的存在及运动表现方式，但产生美感就要高于这些美的感知，进入对人生某种精神境界的体验。如若沉溺于这种境界，即会在心理上感受到"清虚寥廓"，萌生一种综合的，而非仅分辨美的物质感知的、整体的、主观的美感。这有赖于较高的审美能力，这种能力又必须以"万物一体"的哲学思辨做基础。不以较高审美能力去把握美的感知更深层的内在精神，就不会有真正意义上的、个人主观体验的"美"产生。

阮籍超越物质性的"美"的感知，强调主观的审美能力和美感，表明了魏晋知识分子在主观玄思高度发达之下的敏锐的审美能力，也显示了魏晋玄学之下，在各领域，知识分子都要表现其对理想人格境界的追求。阮籍说："道真倍可娱，清洁存精神。""清洁"的涵义就是超越物质性"美"的感知，达到"精神"的"窈窕而淑清"。可见，"清"这个字对阮籍的美学思想是多么的重要。"清"的哲理寓含与老庄道家是相通的，而玄学的学术渊源之一就是道家，玄学的美学也必然带有这一特征，所以说，魏晋玄学名士的风度、仪容、言谈和审美趣向都离不开这个"清"字，"清"就是超越感知，融入自身主观精神，进入那种无欲无我境界的精神状态。从此来看，魏晋名士本身就是一个"清"的象征。

阮籍关于美感的论点反映了魏晋时期审美意识摆脱开政治，而真正地去与哲学相结合。以前，儒家关于美的思想占主导，认定美是同人们所承负的社会政治道德责任分不开的，美的获得有赖于进入社会建功立业。在魏晋玄学看来，美是个人主观意识觉醒后，对自身精神的涤除杂质，追求纯洁、自由，体验自然、社会的心理状态，它突出个体的精神。阮籍在《清思赋》中写道："白日丽光，则季后不步其容；钟鼓闿铃，则延子不扬其声。"[1] "美"

---

[1] 《阮籍集》。

是一种幽独的、内省式的，不是热烈的、外在的、社会性的。和儒家比较，魏晋玄学审美的取向、理想，是从社会性的退回到个体性的，关注于主观精神的体验和其价值。并且力求在审美活动之中，超越对外在物质性"美"的感知，保持或追求精神的"清洁"与自由，以这种"清虚"的精神状态去体验"美"感，去把握"美"。在这一意义上讲，阮籍及其反映的魏晋美学思想彻底摆脱了儒家的束缚，摆脱了政治伦理进入纯粹审美领域。

二、审美是超越功利私欲的宁静直观

阮籍所言美感的心理状态，如"清虚寥廓"、"冰心玉质"、"恬淡无欲"，涉及了审美的超越是非、功利及私欲的问题。他提出了审美应是精神上高度纯洁宁静直观的状态，依此方能达到"微妙无形，寂寞无听"的境界。这种观点显然受到庄子的影响，庄子认为，人的生活要达到自然无为的境界、美的境界，就要超出于人世的一切利害得失之上，处处顺应自然，不为得而喜，不为失而悲，即便是生死于前，亦不为所动。这样，人即可摆脱外物之累和对人精神的束缚与支配，达到像"天地"那样自然无为的绝对自由的境界"备于天地之美"①。"它虽然是一个人生态度问题，但从美学上看，这种态度恰好是一种审美的态度，它的根本特征是超功利"②。阮籍这种对审美中超功利、摒私欲的心理状态的强调承袭了庄子学说，他在其庄学著作《达庄论》中说道：

> 至人者，恬于生而静于死。生恬，则情不惑；死静，则神不离。故能与阴阳化而不易，从天地变而不移。生究其寿，死循其宜，心气平治，不消不亏。

---

① 《庄子·天下》。
② 李泽厚、刘纲纪主编《中国美学史》第一卷，中国社会科学出版社，1984年版，第262页。

审美过程中超功利的追求，涤除私欲的体验，固然造就了主观极大的虚寥的宁静境界。但完全排除了主观私欲，不会使审美产生独特美感，完全无视功利，会使审美失去现实生活丰富的内容和悲剧性的震撼力量，以及社会价值。阮籍突出了审美的主体纯洁性，忽视了审美的"自然性"、"社会性"，甚至抵触感官产生的美感，这也正是历史上中国传统美学的一大弱点。

三、审美需要"清思"的主观想象力量

阮籍所谓"清虚寥廓"，既是摆脱了功利、私欲的束缚，达成主观纯洁的精神状态，同时也是心灵不受限制，自由骋驰，包罗万有的状态。这样，审美中就有了不受限制的心灵参与美感的创造的问题，也就是主观想象力参与审美过程的问题。"飘飖恍惚"就是对想象力的描绘。阮籍认为，当想象进入了这样的状态，就可以"洞幽贯微"，照见把握宇宙间冥冥之中细微深邃的一切，为自己主观精神所编织，所专美。为说明审美中的想象具有"神物来集"、"洞幽贯微"的力量，阮籍在《清思赋》中借用历史典故证明想象力是可以"感激以达神"的。他列举楚国的申喜日夜思念母亲，一天晚上忽听到母亲在唱歌，开门观看，果真是母亲回来了。阮籍评此事"伊衷虑之遒好兮，又焉处而靡逞？"① 没有精神想象力量达不到的地方。王充曾批判过人以"精诚"感动天地的观点②，但那是指主客体关系而言，而在审美和艺术创造活动中，主观是可以摆脱客观而主动去创造的。阮籍《清思赋》本身所营造的境界恰好说明了"焉处而靡逞"的想象伟力在审美再创造中是多么的绮丽辉煌。

阮籍所说的"清思"，实际上是一种审美感受。魏晋时的"清思"开始仅同政治人物品性的评价相联，指"气说"基础上人品的清浊高低。后来逐

---

① 阮籍《清思赋》，《阮籍集》。
② 王充《论衡·自然》。

渐发展成为一个审美的概念，"清"成了"美"的同义语。阮籍的"清思"是铺陈一种主观想象的美的幻想、理想和主观感受。他在《清思赋》中的描述，恰好是对审美心理状态产生过程的形象性展现。开篇所言心有所感"忽一悟而自惊"，"心震动而有思"，"若有来而可接，若有去而不辞"，描述了审美与艺术创造中灵感降临之状态。"超遥茫渺，不知究其所在"，"心漾漾而终薄兮，思悠悠而未平"，"俳徊夷由兮，猗靡广衍"，描述了激发灵感后进入了不能自控的想象状态。想象中产生了种种美感体验的感官形象，"白玉"、"丹霞"、"九英"、"佩瑶"、"河女"。最后，主观的"清虚寥廓"突然将这一切摄入一种理念"不以万物累心"①，顿时产生了一种怅然若失，若有所悟的"冰玉"般高洁的美感。全过程历经了灵感激发、主观想象、理性涤荡、超然高洁几个步骤。对审美体验做了相当完整的内省描述，是阮籍对魏晋美学思想的重要贡献。

第三节 人格绝对自由，"美"方能"自然之至真"

阮籍在自然观上"万物一体"的认识，运用到人生的态度上，使他比庄子更积极地面对世间的一切，并产生了与宇宙无限性等同的人格理想，他综括这种人格为"大人先生"②。从美学上看，阮籍对宇宙无限性的追求，对人格理想、精神绝对自由的追求，就是对他心目中最高"美"的追求。阮籍在《大人先生传》中这般地描绘绝对精神自由所期待的"美"：

天地解兮六合开，星辰霄兮日月陨，我腾而上将何怀？衣弗裳而服

---

① 阮籍《清思赋》，《阮籍集》。
② 阮籍《大人先生传》，《阮籍集》。

美，佩弗饰而自章，上下俳佪兮谁识吾常？

召大幽之玉女兮，接上王之美人。体云气之逎畅兮，服太清之淑贞。合欢情而微授兮，先艳溢其若神。华姿烨以俱发兮，采色焕其并振。倾玄髦而垂鬓兮，曜红颜而自新。时嫒礒而将逝兮，风飘飖而振衣。云气解而雾离兮，雺奔散而永归。

这些对"美"的比拟，象征地说明超越世俗所追求的有限的东西才能体悟真正的"美"。本章上节所论及的《清思赋》就是对这种超越的具体阐扬。而在《大人先生传》中，阮籍则侧重"美"与无限、自然、人格自由的关系来表述"美"。他写道："超漠鸿而远迹，左荡莽而无涯，右幽悠而无方，上遥听而无声，下修视而无章。""登乎太始之前，览乎汤漠之初。"① 这些状态就是与宇宙的无限合一的状态。阮籍看来，"美"存在于无限的宇宙万物之中，"美"的感受只有在有限的人生之无限自由的人格境界之中，这才是最高层次的"美"。

至于"美"与"无限"是何种关系？阮籍认为，超越人生中一切有限的、功利的、是非的、利害的关系，冲破对人个性的束缚，培养体悟无限的胸怀，才能达到精神的无限，精神达到理解无限，才能理解"美"是"自然之至真"。然而，人类在主客体相结合中产生"美感"，达成精神的愉悦和超越，不仅限于阮籍所说单纯精神上的超越，在根本上应是人类社会实践、意识发展的历史累积。没有超越客体及主体的感官认知就不会有美。但是，在对这类超越的体验之中，主观精神扮演了重要的角色。阮籍所塑造的"大人先生"飞越寰宇，"直驰骛乎太初之中，休息乎无为之宫"，就是比喻精神上的超越。这样论述"美"的产生是片面的，但对于以无限的感性表现出"美"的体验来说，阐扬了主体精神的能动性、创造性和想象力，这是非常难

---

① 阮籍《大人先生传》，《阮籍集》。

能可贵的。一切"美"的、艺术的创造，都有一有限到无限寓意的升华过程。越是永恒美感的艺术品，就越能使人产生对人生、对精神境界的自由和无限性的深刻的体悟。

阮籍认为精神的无限体验不能够脱离自然，他不同意"避物而处"去把握无限性精神境界。他在《大人先生传》中说：

> 微道德以久娱，跨天地而处尊。夫然成吾体也，是以不避物而处，所睹则宁；不以物为累，所逅则成。彷徉足以舒其意，浮腾足以逞其情。

阮籍从有限达到无限的思想，在根本上是以人与自然、客体与主体的统一为基础的。本章第一节论及《乐论》曾提到阮籍的"自然一体"的思想。阮籍的"无限"不排斥有限，无限性的精神也不排斥他人精神对有限的体验。无限性精神境界的实现不是超自然的。他称之为"陵天地而与浮明遨游无始终，自然之至真也"[1]。无限性的精神境界就是"自然之至真"的表现，就是最高层次的"美"。魏晋美学基本上如阮籍这样，是在人与自然的统一中去寻找"美"产生的精神状态，去寻找有限之中的无限性。因此，终始排斥"美"与上帝、神祇有任何关系。

阮籍对无限境界产生"美"的论述，可以与庄子做一比较。庄子对无限之美的追求，主要着眼于外在自然的无限性；而阮籍则主要着眼于主体内在精神世界的无限性和绝对无拘束的自由。故而，庄子赞美自然万物无穷无尽、美不胜收；而阮籍则赞美人的主观精神可营造无限的境界，遨游于无限。应当说阮籍由于把无限的精神境界同人的心灵的绝对自由联系在一起，无疑加深了对美的认识和对审美过程的把握。他较为深刻地揭示了

---

① 阮籍《大人先生传》。

在短暂、无常、苦难的人生中，主体对人格自由与无限精神境界的追求，赋予了这种追求以"美"的价值和玄学哲理的意义。阮籍的《咏怀诗》较为充分地体现了在那个悲惨时代里，人们追求理想人格和"美"的人生境界的感人至深的力量。有了类似于阮籍《咏怀诗》这样的大量感人的作品，魏晋风度和人的主题才具有真正深刻、充实的内容，魏晋风度才会有如此这般的积极意义和审美力度。阮籍的作品正因为有美学的力量，才能与屈原、李白的篇章等量齐观。

第四节　美学思想的逻辑结构

阮籍是魏晋玄学思潮影响下的哲学家、思想家。由于家世背景，在他身上文学家的气质更多一些，以至于"能属文，初不留思"[①]，"善属文论，初不苦也，率尔便成"[②]。这决定了他的文章、论著不像何晏、王弼那样抽象、系统，这也是由于阮籍大部分著述是在正始十年司马氏镇压曹氏集团、扼杀知识界的背景，不得不以文学的方式曲折表达衷心本趣，故史家评论其晚年的著作《大人先生传》才是他思想的真旨。不过，阮籍的赋予文学色彩的理论论述并没有降低其思想的价值，反而使人们更易理解这位身处险境玄学家的思想深度。阮籍的美学思想并非零散、肤浅，而是与他的哲学体系相连，有着自身内在的逻辑结构。

一、赋予"美"以"自然一体"的本体论意义

阮籍从"万物一体"的本体论入手，将先秦儒家所说的"乐"基于伦理道德之"和"，解释为超越伦理原则的自然和谐境界。这样，"和"与"乐"

---

① 《晋书》卷四十九，《阮籍传》。
② 《文选·五君吟》注引臧荣绪《晋书》。

的实现就不仅限于道德的实现，同时是主体与无限的天地万物合而为一所产生的愉悦。阮籍拓展了"美"的境界，正由于基于自然，立足于和谐的无限宇宙，主体的自由人格与精神的无限必然实现"美"的深切感受。个人虽然离不开社会政治所规定的伦理关系，却不局限于这种关系，包容与超越这种关系，去与自然相契合。这就在美学的意义上实现了人格的自觉，人的精神主体不再是儒家所规定泛政治伦理体系中的附属品。这种审美主体意识的觉醒，在哲学上是以包含伦理又超越伦理的"自然"的本体为圭臬的；在美学上，是将"和谐"的范围拓展到道德原则以外的自然、人生诸领域。

二、个体有限生命中的精神无限境界有赖于与"自然"合一来达成

阮籍提出了一个对个体的存在以及对美学、艺术都有重大意义的问题：精神如何超越有限而达到无限的境界？先秦儒家对此回答是"三不朽"（立德、立功、立言）和"成仁取义"达成永恒、无限，这基本还停留在道德层面。阮籍则以"大人先生"人格理想的塑造回答了这一问题，精神对有限的超越在于人格的绝对自由，在于精神与"自然"合一。这一问题先秦庄子解决得亦未如阮籍这般的鲜明，这源于他所处时代的险恶，人不需要考虑社会群体的关系，而首先要考虑自己的生存，思忖有限的生命与无限永恒之间的矛盾。当人们无法把握生命遭际和社会现状之时，追求精神的绝对自由和无限性，才具有"美"的意义。

三、以无限的精神境界追求超感官的"美"

阮籍认为，只有在精神"微妙无形、寂寞无听"的状态中才能达成无限的境界，去体验纯洁永恒、超感官的"美"。《清思赋》表达的思想在魏晋名士中带有普遍性，是魏晋美学区别于其他历史时期的特征之一。这种超感官，追求无限的精神境界和审美取向，本质上讲是对魏晋玄学所追求的主体人格的无限的一种内在的体验与直观。正如李泽厚、刘纲纪先生所评价的："它不同于儒家孟子所说的那种'养吾浩然之气'，'上下与天地同流'的道德上的

崇高，也不同于道家庄子所说的那种使个体完全没入自然的无限。它是不离伦理而又超越伦理，合于自然而又超越自然的。不论相对于儒家或道家来说，在魏晋的玄学和美学中，自我作为个体存在的意义和价值都已得到了很大提高。常常接近于仙人境界的所谓'窈窕而淑清'的美，正是这种个体的理想的一种感性的呈现。"①

　　阮籍的美学思想融于他大量的文学作品中，对后世产生了一定的影响。钟嵘以评论其诗文的方式，无意之中道出了阮籍美学思想的真谛："可以陶性灵，发幽思。言在耳目之内，情寄八荒之表。洋洋乎会于风雅，使人忘其鄙近，自致远大，颇多感慨之词。厥旨渊放，归趣难求。"②

　　① 李泽厚、刘纲纪主编《中国美学史》第二卷上，中国社会科学出版社，1984 年版，第 198 页。
　　② 钟嵘《诗品》。

第八章　阮籍的文学思想

第一节　魏晋"纯"文艺的产生

魏晋是中国历史上唯一可与春秋战国相比拟的动荡时期，也是唯一可与"百家争鸣"相提并论的思想大解放时期。魏晋更是中国古代社会形态发生重大变革的时代，它对社会结构和文化价值体系产生的影响是空前的，整个社会的经济、政治、军事、文化、艺术、意识形态都发生了转折性的变化。东汉以来，地方豪强逐渐取代了刘姓皇室分封诸王的势力，郡县赋税徭役的皇室形式的国有经济开始让位于豪强世族形式的庄园经济。大量耕种国田（地方政府按丁口分给农民的土地）的农民和为皇家服务的手工业者、城市商人，在土地兼并和天灾频仍之际变为各地庄园地主、豪强世族的奴隶。随着皇权被宦官、外戚争斗而架空，各地地方官渐被豪强世族把持，开始以姓氏门阀的贵胄血统垄断政权，"天下士有三俗，选士而论族姓阀阅，一俗"①，"贡荐

①　仲长统《昌言》。

108

则阀阅为前"①。从此，伴随社会大动乱，乘势而起、分割地盘、各自为政、世袭权爵、等级森严的门阀世族占据历史主角的位置，开始了真正意义上的封建领主时代，直到三百多年以后，南朝门阀绝于齐、梁之朝，北朝门阀没于周、隋之际。"魏晋以来，以贵役贱，士庶之科，较然有辨"②。"魏氏立九品，置中正，尊世胄，卑寒士，权归右姓……皆取著姓士族为，以定门胄，品藻人物，晋宋因之"③。

社会形态的变迁以及文化价值体系的重构，最外在的表现形式就是两汉经学的彻底崩解（本书第三章第一节专门有论及，此不赘述）。代之而兴的是新道家思想——玄学，尤其是冲破谶纬象数经学之后的玄学人生观（外在的行为方式即是所谓的"魏晋风度"）真可说是中国历史上生命人格主体意识的第一次觉醒（屈原、孔子的人生观仍囿于政治人格，而未进入纯粹的与自然关联的大生命层次）。其对以往陈规陋习的突破，对新思想的开启，对哲学思辨的深化，从广度和深度上甚至超过了先秦诸子百家。这的确是一个大的思想解放，其肇兴的轨迹历历可见：东汉末年蔡邕（132—192 年）将湮灭了近两百年的王充《论衡》重现知识界，自然主义的道家开始剔除阴阳谶纬经学中的迷信成分，易学开始回归哲学。同时，仲长统、徐干（171—218 年）大兴现实主义的社会批判思潮，世族名士在与宦官抗争中也掀起探讨人格正义的才性名理思潮。其后，分裂动荡中曹操、诸葛亮（181—234 年）的法治思想、刑名思想，刘劭《人物志》的逻辑观念，王弼继承荆州学派"易说"，大兴玄风，西来佛教立足与众多经典律籍的翻译……所有这一切都预示了一个崭新的思想时代的开端。被董仲舒（约前179—前104 年）阴阳谶纬化了的儒学开始接受道家自然主义的洗礼，那些当年被"罢黜百家、独尊儒术"驱

---

① 王符《潜夫论》。
② 《宋书·恩幸传序》。
③ 《新唐书·柳冲传》。

赶到道家、道教、民间方术之列的诸子百家思想，又重新活跃起来，并在新的时代特征的引导下重新组合，再发新机。

这是一个产生纯粹思想和艺术的时代氛围，决定了与自然更贴近，与人的生命更契合。今人李泽厚先生如此分析道："在没有过多的统制束缚，没有皇家钦定的标准下，当时文化思想领域比较自由而开放，议论争辩的风气相当盛行。正是在这种基础上，与颂功德、讲实用的两汉经学、文艺相区别，一种真正思辨的、理性的"纯"哲学产生了；一种真正抒情的、感性的"纯"文艺产生了。这二者构成中国思想史上的一个飞跃。哲学上的何晏、王弼，文艺上的三曹、嵇阮，书法上的钟卫、二王等等，便是体现这个飞跃、在意识形态各部门内开创真善美新时期的显赫代表。"① 这种"纯粹"思想、艺术的"纯"究竟是什么呢？其实就是一种对人生的态度，就是主体人格在大生命层次的觉醒，就是与大自然契合的一种境界。

诗，往往是一个时代的温度表。诗人敏感的气质最能体验时世的变迁，也最能反映时代的气氛。我们从汉末魏初许多诗歌作品中该能悟得那个"纯"的思想、文艺，就是"人的觉醒"，有人的觉醒才会有"文的觉醒"。产生于东汉末年②的古诗十九首为"人生之觉醒"先做了一个苦闷、悲凉的铺陈。古诗十九首的基调是感伤人生的短促，对死亡的恐惧难以释怀。让我们看一看被钟嵘喻为"文温以丽，意悲而远，惊心动魄，可谓几乎一字千金"③ 的那些名句：

> 生年不满百，常怀千岁忧。(《生年不满百》)
>
> 人生寄一世，奄忽若飘尘。(《今日良宴会》)

---

① 李泽厚《美的历程》，文物出版社，1981 年，第 87 页。
② 此说为目前中国文学史学界的通行看法。
③ 钟嵘《诗品》。

人生非全石，岂能长寿考。(《回车驾言迈》)

人生忽如寄，寿无金石固。(《驱车上东门》)

所遇无故物，焉得不速老。(《回车驾言迈》)

万岁更相送，圣贤莫能度。(《驱车上东门》)

出郭门直视，但见丘与坟。(《去者日以疏》)

人生天地间，忽如远行客。(《青青陵上柏》)

这些貌似日常生活的感叹，别友、相思、恋乡、怀土、行役、戍征，却蕴含了惜情、珍重、劝慰、勉励、奋发的昂扬生命意识。知生命的可贵，方显情感的厚重；知生命的短暂，方显欢乐的恒久；知生命的坎坷，方显思想的沉郁。我曾在1983年读魏晋文学作品时，写下以下文字："我十五至二十一岁正处于人生伤悲、感喟、执着、欲恋的时期，人格真正开始萌苏，此意义上正经历着如魏晋时期知识份子对'死'的恐惧和对人生不朽形式的充分追求。"

这种人格觉醒后的感伤基调，一直贯穿于魏晋的整个历史过程中。曹操有"对酒当歌，人生几何，譬如朝露，去日苦多"①；曹丕有"人生如寄，多忧何为？今我不乐，岁月如驰"②；王粲有"悟彼下泉人，喟然伤心肝"③；徐干有"人生一世间，忽若暮春草。时不可再得，何为自愁恼"④；曹植有"人生处一世，去若朝露晞"⑤，"盛时不再来，百年忽我遒。生存华屋处，零落归山丘。先民谁不死，知命复何忧"⑥；阮籍有"人生若尘露，天道邈悠悠，

---

① 曹操《短歌行》。
② 曹丕《善哉行》。
③ 王粲《七哀诗》。
④ 徐干《室思》。
⑤ 曹植《赠白马王彪》。
⑥ 曹植《箜篌引》。

……孔圣临长川，惜逝忽若浮"①；陆机（261—303 年）有"天道倍崇替，人生安得长，慷慨惟平生，俯仰独悲伤"②；刘琨（271—318 年）有"功业未及建，夕阳忽西流，时哉不我与，去乎若云浮"③；王羲之（321—379 年）有"死生亦大矣，岂不痛哉。固知一死生为虚诞，齐彭殇为妄作，后之视今亦犹今之视昔，悲夫"④；陶潜（365—427 年）有"悲晨曦之易夕，感人生之长勤。同一尽于百年，何欢寡而愁殷"⑤。

这是一种新的生命崇拜，一种变乱之下对不变、对往事、对生命的纯情执着。"生命无常、人生易老"，原本是亘古不变的主题，而汉末魏晋诗篇赋文中将其突显得如此这般的苍凉而更具永恒的审美魅力，实在该从人格的觉醒所激发的旷古纯情中去理解。魏晋之际，天下多故。那么，生命都轻若草芥，功业、名教礼法又有什么用呢？人自身存在的方式与对生命的充分体验才是真实的，所以那些慨叹生命的诗篇中又同时有"及时行乐"的内容，这并非堕落腐朽，恰恰是发现生命力伟大之后的一种跃跃欲试，把握生命的昂扬情感。在魏晋时代，不同历史人物对这种生命力的理解也是不同的，不同时期这种生命力所附丽的具体内容也是不同的。汉末豪强"对酒当歌，人生几何"的背后，是"烈士暮年、壮心不已"的野心。曹魏集聚的一大批才俊之士所阐扬的建安风骨，虽多人生短暂的哀伤，但更有建功立业的慷慨多气。到名士不旋踵而亡的魏晋之际，在"死生亦大矣，岂不痛哉。固知一死生为虚诞，齐彭殇为妄作"后面，是"群籁虽参差，适我无非新"的对大自然的眷恋，去远离人生的境界中寻找人生的慰藉与心灵的安然。正始名士不拘礼法，毁弃名教；竹林七贤"越名教而任自然"；太康、永嘉之世一面有为放达

---

① 阮籍《咏怀诗》其三十二。
② 陆机《拟古诗十二首》，见郝立权《陆士衡诗注》。
③ 刘琨《重赠卢谌》。
④ 王羲之《兰亭集序》。
⑤ 陶渊明《闲情赋并序》。

而放诞的颓废名士，一面有"抚枕不能寐，振衣独长想"，"何期百炼钢，化为绕指柔"中兴名臣猛将的穷途悲愤与远大的政治抱负。正是因为有这些活生生的历史内容，才使得这纯情的生命崇拜没有流于颓废消沉；也正是由于人格的觉醒和生命的昂扬，才使这些历史的具象有了更富感情的文学、艺术和美学的蕴意。因此，从古诗十九首、建安风骨、正始之音、竹林之游、太康之放、永嘉之诞，直到陶潜的《自祭文》均放言生死，哀其所伤，但不囿于生死，发慷慨深情于生死之外。所以，魏晋之际方有了真正主体人格意义上发内心之永恒感伤的"纯"文艺。

凭借人格的觉醒，文化价值体系开始经历了一个彻底否定的过程，并逐步重新建构，从学术到艺术，从观念到习俗，统统转变，形成了带有艺术魄力的时代特征——魏晋风度：不论男女皆重容颜的修饰、服装的奇诡；饮酒服药以助情性；玄谈妙解以示高雅。《世说新语》所记载的一切说明了，个体人格的高标特立，竟成了人们所追求的理想。人的那种内在的才性、品格，外现的容貌、神采比以往名教弘扬的功业、节操、学问更能吸引人去仿效。人的生命意识和人格的觉醒成为魏晋文艺所表现的主旨和重心；以高雅神采的风貌体现摆脱束缚的、觉醒的生命人格是魏晋文艺的审美情趣。

引导这一觉醒和审美情趣的世族知识分子，大多是魏晋庄园经济的所有者，不仅有世袭不变的政治特权、社会地位，更有自给自足的生活来源和占有的田宅、财富、荫客（农奴）。他们不再是皇权与名教之下的奴隶，他们的精神和人格摆脱了名教的束缚，他们的"心思、眼界、兴趣由环境转向内心，由社会转向自然，由经学转向艺术，由客观外物转向主体存在"[①]。上面所讲的那种时代风尚——魏晋风度，包括药、酒、姿仪、品性、谈玄、放诞行为，山水景色的徜徉，构成了生命意识觉醒后外在表现的铄光。强调内在气质便

---

① 李泽厚《美的历程》，文物出版社，1981 年版。第 93 页。

成为魏晋各类形象艺术追求的真趣，两汉日常生活、自然世界的生动景物换成了魏晋飘逸玄远的静态的人格玄想。抒情诗、线条轻灵传神的人物画开始成熟，代替了冗长、华丽、铺陈的汉赋和朴拙粗重的汉石刻画像。

"以形写神"、"气韵生动"成为魏晋时期艺术的根本准则。在有形艺术方面，要求表现人物的内在精神气度、品格风姿，而不重其外在环境、事件、形状的描绘、铺陈，尤不重其对自然摹仿式的描绘，这恰好有别于两汉艺术。南齐画家、画论家谢赫把"气韵生动"作为绘画的最高境界，他在《古画品录》中提出"六法"，"一气韵生动是也，二骨法用笔是也，三应物象形是也，四随类赋彩是也，五经营位置是也，六传移模写是也。"① 谢赫在《古画品录》评第一品第一人的陆探微是"穷理尽性，事绝言象"。讲的就是"以形写神"②，顾恺之"画人，或数年不点目睛。人问其故。顾曰：'四体妍蚩本无关于妙处，传神写照正在阿堵中。'"③ 眼神便成为绘画中表现"气韵"和"神采"的最关键的部分。"以形写神"、"气韵生动"正与《世说新语》的人物性情格调的品评相一致，也与魏晋玄学对事物本质特性的抽象把握、内在思辨相一致。

在文字语言艺术上，"言不尽意"是表现事物、人物内在品格的最佳方式，因为它提供了表达者与欣赏者无尽的想象空间和不断升华的可能性。它虽然是虚置的，却有深刻的内涵。"言不尽意"正是用人们可理解的言辞去表达、描绘那些概念和具象不可比喻的内在品格和深意，甚至真理。"言不尽意"、"气韵生动"、"以形写神"都有一共同的本质：用有限的、具体的、可穷尽的外在形象言辞，表现某种无限的、抽象的、不可穷尽的内在精神气质。玄学家王弼表述为通过同于常人的五情哀乐去表达出超乎常人的神明清朗的

---

① 谢赫《古画品录》，见《中国画论类编》。
② 顾恺之语，见《历代名画记》卷五。
③ 刘义庆《世说新语·巧艺》。

品格①。李泽厚先生说是，"要求树立一种表现为静（性、本体）的具有无限可能性的人格理想，其中蕴涵着动的（情、现象、功能）多样现实性。后来这种理想就以佛像雕塑为最合适的艺术形式表现出来了"②。魏晋"纯"文艺的产生离不开人格的觉醒，生命意识的张扬，其中文学推波助澜的作用更为显著。

第二节　魏晋文学的气势

魏晋被称为文学的自觉的时代③，文学观念转变、文学价值独立大体始于建安时期④。随着政局的动荡，儒学名教的崩解，玄学的勃兴，人格的觉醒，文学的主潮开始偏远于政治，有别于先秦、两汉的文学特征。士人们厌倦了文学与儒学、名教、政治的关系，把文学的主旨与生命意识及道家思想的放达联系起来。将人的情感、思想、气质，乃至人的整个精神世界强调出来，作为文学描写的对象。配合玄学之思辨，对文学艺术的内在关联及审美规律的探究，亦成为文学理论的重要内容。魏晋文学的气势是一个思想解放时代的恢弘铺陈，体现在文人地位的改变、综合艺术修养的提高和文学观念的长足进步。

一、文学具有了独立的价值、文人地位提高

汉末士人因有庄园经济为凭借，人格日益独立。居住环境的优渥，几近道家描绘的理想隐居之地，故怡情山水，哀乐无端的文学意识逐渐远离儒家的政治伦理，"山林与、皋壤与，使我欣欣然而乐与。乐未毕，哀又继之"⑤。

---

① 汤用彤《魏晋玄学论稿·谢灵运弁宗论书后》。
② 李泽厚《美的历程》，文物出版社，1981 年版，第 95 页。
③ 钱穆《读文选》，《新亚学报》第三卷第 2 期，1958 年，第 3 页。
④ 王瑶《文论的发展》，《中古文学思想》，棠棣出版社，1951 年版，第 80 页。
⑤ 《庄子》卷七外篇，《知北游》。

东汉末仲长统一方面激烈地批判世风,一方面在《乐志论》中抒发"居有良田广宅"的理想和崇慕"老氏之玄虚"的精神解脱①。曹丕在《与朝歌令吴质书》中道:

> 每念昔日南皮之游,诚不可忘。……驰骋北场,旅食南馆。浮甘瓜于清泉,沉朱李于寒水。白日既匿,继以朗月;同乘并载,以游后园。舆轮徐动,参从无声;清风夜起,悲笳微吟。乐往哀来,怆然伤怀②。

应璩在《与从弟君苗、君胄书》中道:

> 闲者此游,喜欢无量,登芒济河,旷若发矇。风伯扫途,雨师洒道。按辔清路,周望山野③。

怡情山水与文学意识之独立于魏晋已成流脉,未尝中辍,至谢灵运发挥到极致。"(灵运)出为永嘉太守,郡有名山水,灵运素所爱好。出守既不得志,遂肆意游遨,遍历诸县,动逾旬朔,民间听讼,不复关怀。……修营别业,傍山带水,尽幽静之美。与隐士王弘之、孔淳之等纵放为娱,有终焉之志。每有一诗至都邑,贵贱莫不竞写,宿昔之间,士庶皆遍"④。

门阀士族庄园经济兴起与汉末豪强割据的连带结果就是皇权的削弱和儒家经学的丧微,文人的地位有了变化。汉代文人所慨叹的"倡优畜之"、"见视如倡"的处境到东汉末已大有改观,文章兴盛令史书也不得不创《文苑传》

---

① 仲长统《乐志论》。
② 《文选》卷四十二。
③ 《文选》卷四十二。
④ 《宋书》卷六十七,《谢灵运传》。

以纪其事。"自东京以降，迄乎建安，黄初之间，文章繁矣。然范、陈二史《文苑传》始于《后汉书》。所次文士诸传，识其文笔，皆云所著诗、赋、碑、箴、颂、诔若干篇，而不云文集若干卷，则文集之实已具，而文集之名犹未立也"①。文人的地位可从曹氏父子与一批士人勃兴"建安文学"热潮略见其一斑，"始文帝（曹丕）为五官将，及平原侯（曹）植皆好文学，（王）粲与北海徐干字伟长，广陵陈琳字孔璋，陈留阮瑀字元瑜，汝南应玚（？—217年）字德琏，东平刘桢（？—217）字公干，并见友善"②。曹氏父子与其颇具文才的僚属形成了"邺下文人集团"③，相互唱和，以文学作品反映当时的社会现实和建功立业的慷慨之气，不仅使文学与个人的生命意识融合一体而具有了独特的价值，也使擅长文学之士人的社会地位大幅提高。建安文人大多以文才博得曹氏父子的青睐，出任要职，或干脆直接在文学方面服务于曹氏父子，甚至为他们捉刀代笔。尤其是阮籍的父亲阮瑀，所任角色大致相当于曹操的文字秘书及顾问，他死后曹丕还专门写文章凭吊。"邺下文人集团"中的吴质（177—230年）竟能以文才"官至振威将军，假节都督河北诸军事，封列侯"④，曹丕也屡作文赋与吴质唱和，这在汉代是不太可能的。可见文学的独立价值超越了政治的伦理，文人的地位在人格上提升了。

二、从综合艺术修养中看士人文学意识之自觉

东汉仲长统在论及士人的理想生活情境时形容道："讽于舞雩之下，咏归高堂之上"，"弹南风之雅操，发清商之妙曲"⑤。可见士人所追求的不仅是怡情山水时外在环境的优雅，还要有自身内在的文学和艺术修养和才能。史载东汉中叶以后士人多博学能文雅擅术艺，且在日常生活中恣意张扬，不仅为

---

① 章学诚《文史通义》卷三，《文集》。
② 陈寿《三国志·王粲传》。
③ 游国恩、萧涤非等主编《中国文学史》第一卷，人民文学出版社，1983年版，第213页。
④ 陈寿《三国志·王粲传》。
⑤ 仲长统《乐志论》。

做人之修养，亦成为表达内心世界的一种方式。此类士人如马季良（马融）、边文礼、郦文胜、祢正平（祢衡）等。很有代表性的一位是司马迁（约前145—前87年）的外孙杨恽，他在与友人、安定太守孙会宗的书信中写道：

> 家本秦也，能为秦声；妇赵女也，雅善鼓瑟，奴婢歌者数人，酒后耳热，仰天俯击，而呼乌乌。其诗曰：田彼南山，芜秽不治，种一顷豆，落而为萁。人生行乐耳，须富贵何时！是日也，拂衣而喜，奋袖低印，顿足起舞①。

其内心自觉之生命意识通过文学艺术的方式来抒发的意向是十分明显的。钱穆先生称之为此时方有真正意义上的文人出现，"有文人，斯有文人之文。文人之文之特征，在其无意于施用。其至者，则仅以个人自我作中心，以日常生活为题材，抒写性灵、歌唱情感，不复以世用撄怀"②。个性独标，内心自觉的方式还表现在其他诸如音乐、书法、围棋等方面。阮籍家族有妙解音律的传统，其父阮瑀"善解音，能鼓琴，遂抚弦而歌"③。阮籍的好友嵇康"临刑东市，神气不变。索琴弹之，奏广陵散。曲终曰：'袁孝尼尝请学此，吾靳固不与，广陵散于今绝矣。'"④ 嵇康、阮籍等都有从哲学高度论音乐的专论。嵇康《声无哀乐论》以和声无象，哀心有主，将"自然无为"的原则贯穿于音乐。阮籍《乐论》认为乐本自然，非由人为。他们都认识到音乐对主体人格的文学意义，"导养神气，宣和情志"⑤。曹植更将通音乐视为文人

---

① 《汉书》卷六十六，《杨敞传》附杨恽传。
② 钱穆《读文选》，《新亚学报》第三卷第2期，1958年，第3页。
③ 《三国志·魏志》卷二十一，《王粲传》注引《文士传》。
④ 《世说新语》卷三，《雅量》。
⑤ 《嵇中散文集》卷二，《琴赋序》。

之必备才能，"夫君子而不知音乐，古之达论，谓之通而蔽"①。文学与音乐对人生观启迪的作用是一致的。

书法转入文人之手而成为一种艺术当在汉末，随着更能体现书法之美的书写材料如纸张、绢帛的流行，文人以书法表达个性遂成时尚。当时已有四体②（古文、篆、隶及草），产生了诸如张芝、蔡邕、师宜官、梁鹄、卫瓘、钟繇、韦诞、索靖、陆机、王羲之等文人书法大师。汉晋之际，士人崇尚放达，人格觉醒、性情无拘、行事简易，故推崇草书之体势。加上魏晋明令禁止勒碑，篆、隶、楷体颇受局限，故行、草体之帖流行，加之所书写内容多为书信、文赋，可以淋漓尽致地从内容和字体中表达情感，且行草有兼旋律、节奏、顿错之美感。其势与文人放达之情怀是极为相通的，"宛若盘螭之仰势，翼若翔鸾之舒翮；或乃放手飞笔，雨下风驰，绮靡婉娈，纵横流离"③，"着绝势于纨素，垂百世之殊观"④，文人寄托性情之意是跃然纸上。

魏晋文人视"围棋"为雅事，超越了前代以弈为兵理，将其上升到体验"天人合一"境界，摹拟阴阳消息之理的艺术。曹魏"邺下文人集团"中的王粲、应瑒都是围棋好手，大书法家邯郸淳也好博弈。阮籍甚至在母亲去世时，正在与人下围棋，下完后方去奔丧。后来南朝梁文学理论家评论道，"汉魏名贤，高品间出"⑤。围棋是中国古代阴阳学说、兵家理论、易学象数的一种特殊表现方式。我曾在1990年专门写过一部七集的电视文化片《黑白魂》，论其奥妙⑥。围棋不仅体现哲人的智慧，还有特殊的文化品味和审美情趣，既有道家之情境，又有儒者之胸怀；既有兵家之韬略，又有阴阳家之算度。围

---

① 《曹子建集》卷九，《与吴季重书》。
② 《三国志·魏志》卷二十一，《刘劭传》注引《四体书势序》。
③ 王珉《行书状》。
④ 索靖《草书状》。
⑤ 沈约《棋品序》。
⑥ 辛旗《黑白魂·玄妙之谜》，北京出版社，1990年版。

棋更强调棋理、人生与自然的契合，它把魏晋文人在"坐隐"中引入"天人合一"、"万物一体"、"遗世孤立"之高标人格的境界，亦从文学上引人从中得出对自然人生的了悟①。

三、文学观念有了长足的进步

魏晋动荡的时局、频仍的战乱，把爱好文学的士人抛入现实生活，他们有机会接触下层社会，亲身体尝颠沛流离的苦痛。不仅建安文人因"世积乱离，风衰俗怨"写出了"志深而笔长"的诗篇，而且后来的阮籍、嵇康、左思（约250—约305年）、陶渊明也都留下了数量宏富、情文并茂的现实主义作品。"文学创作的繁兴为文学理论提供了基础；正因为五言诗臻于成熟，钟嵘（？—518年）方有可能从理论上来总结五言诗的流变和规律"②。文学创作的发展也要求文学观念和理论随之系统化。魏晋时期的文学理论，一扫两汉低沉凝滞，在中国文论史上呈现第一个发展的高峰。

对文学本质特征的认识更加深入。先秦两汉儒者对文学本质有所认知，但局限于文学的政教功能。魏晋把情感因素置于文学中的重要位置，而且不将其限于诗，视为各种体裁文学作品的特征。形式美也被视为文学作品的主要标志，曹丕首倡"诗赋欲丽"③，指出文学作品除了感情强烈之外，还要具有辞采美和声律美。对如何描摹物态的问题，也为魏晋文人所重。如陆机说："体有万殊，物无一量，纷纭挥霍，形难为状。""虽离方而遁员，期穷形而尽相。"④"穷形尽相"成为写文章追求的一个目标。

魏晋文学观念的长足进步，不仅表现在区分文笔，严为界说，更主要的是借助道家、玄学、佛学的思辨方法和丰富的、义涵精审的概念、范畴，在

---

① 辛旗《围棋小史》，《中华传统文化大观》，中国大百科全书出版社，1993年版，第454页。
② 黄保真、成复旺、蔡钟翔《中国文学理论史》（先秦两汉魏晋南北朝时期），洪叶文化事业有限公司，1993年版，第190页。
③ 曹丕《典论·论文》。
④ 陆机《文赋》。

文学理论中，完整地提出了本体论，历史地继承了功用论，全面地概括出批评论，系统地创造了文体论，深刻地总结出创作论，具体地发展了通变论。

魏晋以后，文学思想既从儒学桎梏中解脱出来，而当时品评人物又十分注重人物特殊的个性风格，于是文学的风格问题也倍受重视，曹丕提出了"文以气为主"① 的论断，就是适应了文人品性、风度的内在气质，把作家个性放在文学的首要地位。魏晋每一个文学家从为人处事到作品风格，都有其特殊的气度，这就是魏晋文学的气势。阮籍的一生从文学史的意义上讲也是对人性觉醒过程，用酒、诗、文、事作出最生动的诠释；他集中表现了魏晋各种文人经历的风风雨雨、苦辣酸甜；他的文学作品、文学思想直接继承了"建安风骨"，"使气以命诗"，寄情以骋怀，在魏晋文学，特别是五言诗的发展中占有非常突出的地位。

第三节　阮籍的文学思想

阮籍在古代思想史上的成就，表面上看不如他在文学史上突出。作为哲人、思想家，他和嵇康代表正始玄学的一个流派，在学术观点上倾向于对现实政治及儒道两家理论的评说，缺乏一整套概念的演绎及逻辑的论证。但是，抽象思辨的缺乏并未影响阮籍思想的丰富性，反而令他的一系列作品在哲思之中洋溢出瑰丽的文采。换个角度讲，这也是魏晋哲人内心痛苦的曲折写照。阮籍由"儒"入"道"，由有"济世志"转为"逃空虚"，皆因现实政治之险恶，并非全为思想认知方面的变化。而且，"逃空虚"只能付诸于思想，不能露骨地见诸实际行动。一个极有名望又曾参与过政治活动的人，如果真的逃避起来，那就会被当政者视为异己而不能放过。内心的矛盾几乎全都倾吐于

---

① 陆机《文赋》。

他的文学作品中，阮籍所作的辞赋和散文留传下来的不多，但篇篇显露出内心的痛苦、焦虑，而最能令今人了解其内心世界的莫过于他所作的大量的《咏怀诗》。这些诗作随感而发，随意抒写，不仅表露了他的思想情感，也昭示着他的艺术天赋和文学造诣在同时代是无出其右的佼佼者。

下面将结合阮籍的文学作品略展开论述他的文学思想。

一、创作贯穿老庄思想，与建安文学有明显的不同

汉末建安时期因时代动荡、英雄辈出，文学界亦打破附属于经学的沉寂，掀起了文人诗歌、文赋的高潮，这时的文学风格直接承继了汉乐府民歌的现实主义精神，反映建功立业的时代精神，形成"慷慨悲凉"的独特风格。而到正始时期，阮籍于玄学中力倡庄学，在其文学作品中亦贯穿此一主旨，形成了"放达玄远"的特征，与建安文学有很大的区别。阮籍的《达庄论》一文是典型的代表，这也是魏晋阐发庄学之见于著述的第一篇文章①，"庄子出现在魏晋史上，始于阮籍"②。此文是阮籍之思想由正始玄学（老子学）转入"越名教而任自然"竹林庄学的关键。阮籍文学中的庄学气息，也反映了他由《乐论》的"刑教一体，礼乐外内"到《大人先生传》中"君子之礼法，诚天下残贼乱危死亡之术"的转变，显示了正始玄学已无法调和自然与名教的关系，老庄思想贯穿于文学已成不可避免之趋势。

《达庄论》开篇如是道：

> 伊单阏之辰，执徐之岁，万物权与之时，季秋遥夜之月。先生徘徊翱翔，迎风而游，往遵乎赤水之上，来登乎隐岦之丘，临乎曲辕之道，顾乎泱漭之州，恍然而止，忽然而休，不识曩之所以行，今之所以留，

---

① 黄锦铉《庄子及其文学》，见《汉学论文集》，惊声出版社，第166页。
② 韦政通《阮籍的时代和他的思想》，见《中国哲学思想论集·两汉魏晋隋唐篇》，水牛出版社，1988年版，第298页。

122

怅然而无乐，愀然而归白素焉。平昼闲居，隐几而弹琴。于是缙绅好事之徒，相与闻之，共议撰辞合句，启所常疑。……

此段及全文袭用《庄子》文句颇多，多源自《天地》、《知北游》、《人间世》和《齐物论》等篇，申扬庄义，崇尚"虚无"境界。阮籍的另一篇赋体传记藉苏门先生之辩辞，"大人先生"之神采，申述道家、庄子之旨，驳斥君子与礼法，宣扬老庄出世思想和魏晋名士之风度。《大人先生传》中说："与世争贵，贵不足争；与世争富，富不足先。必超世而绝群，遗俗而独往。"此文中通过大量的对话和人物风格描写，阐发逍遥的旨趣。同样，阮籍在《咏怀诗》中也贯穿着老庄思想，许多诗作抒发那种时光易逝，人生不久，世务纷繁，名利不足惜，神仙不可求，退而求隐的放达情怀。如《咏怀诗》其三十五：

世务何缤纷，人道苦不遑。壮年以时逝，朝露待太阳。愿揽羲和辔，白日不移光。天阶路殊绝，云汉邈无梁。濯发旸谷滨，远游昆岳傍。登彼列仙岨，采此秋兰芳。时路乌足争，太极可翱翔。

其三十二：

朝阳不再盛，白日忽西幽。去此若俯仰，如何似九秋。人生若尘露，天道竟悠悠。齐景升丘山，涕泗纷交流。孔圣临长川，惜逝忽若浮。去者余不及，来者吾不留。愿登太华山，上与松子游。渔父知世患，乘流泛轻舟。

尤其是《咏怀诗》其四十二，其中既有建安风骨之余绪，又有正始放达之浓情，正可说明阮籍文学思想承其父建安文学之余脉，察时世之变迁，将玄学庄学之思想主调融于文学作品之中，这也正是阮籍作品被后人评价为"厥旨渊放，归趣难求"的原因。请悟此诗意寓：

王业须良辅，建功俟英雄。元凯康哉美，多士颂声隆。阴阳有舛错，日月不常融。天时有否泰，人事多盈冲。园绮遁南岳，伯阳隐西戎。保身念道真，宠耀焉足崇。人谁不善始，鲜能克厥终，休哉上世士，万载垂清风。

二、使"气"以命诗文，表现上多用比兴手法

阮籍诗文的创作，贯盈一股"气"势，它是与那个时代对生命意识自觉相关联的。加之以对天下的责任，对现实的恐惧、无奈，对神仙生活的憧憬和对精神自由解脱的追求，这股"气"不是用"儒"或"道"的理论能加以诠释的，而是内心愤懑、焦虑与社会良心不能付诸行动的自责混杂在一起，通过诗文的曲折隐约表达来抒发。因为这股"气"被压抑，只能在诗文中驰骋，故而阮籍的诗文或气势峥嵘，或雄浑高旷，或旨趣玄远，或微情宛哀。这为其施展文学的技巧提供了广阔的天地，有如古诗十九首"行行重行行，与君生别离"，开篇已寓万种情怀，一腔幽怨。

阮籍的诗文继承了先秦《小雅》和汉"古诗十九首""使气以命诗"[①] 的传统，又借鉴了楚辞的铺张比兴的写作手法。他"不仅是建安以来第一个全力作五言诗的人，而且能吸收多方面的影响，创造独特的风格"[②]。阮籍诗文的比兴技巧有自己独到之处，最突出的一点就是寓意深远，切中实质又不露

---

① 刘勰《文心雕龙·才略》。
② 游国恩、萧涤非等主编《中国文学史》第一册，人民文学出版社，1983年版，第222页。

痕迹。对于比兴的定义，历来有多种说法，如郑众的"比者比方于物，兴者托事于物"①。刘勰（约465—521年）的"比者附也，兴者起也；附理者切类以指事，起情者依微以拟议"② 比，就是修辞学中的比喻象征法，用相类似的事物引发出一种情境；兴，就是修辞学中的联想关联法，以一种情境引发联想到相类似的事物及道理。引起联想的事物可能与后面所抒发的情境无关，但是自《诗经》以后，历代文学更重于相关联的情境，将前后呼应起来。既然是"触物起情"、"触景生情"，那么"物"、"景"必然要与作者主观抒发的"情"联系得起来，才能对诗文的形象审美功能，产生或多或少的渲染与烘托作用。所以说，"比"的功效在于使人引起无穷的联想，借以丰富读者的想象力；"兴"的功用在于使诗文本身的气氛或特性更加显著，更加突出。

陈沆（生卒不详）在《诗比兴笺》③ 中这样评价阮籍的比兴手法："阮公凭临广武，啸傲苏门，远寄曹爽，洁身懿师，其诗愤怀禅代，凭吊今古，盖仁人志士之发愤焉，岂直忧生之嗟而已哉？特寄托至深，立言有体，比兴多于赋颂，奥诘达其渺思。"我们可以从他一些诗作中去感悟：

> 嘉树下成蹊，东园桃与李，秋风吹飞藿，零落从此始。繁华有憔悴，堂上生荆杞。驱马舍之去，去上西山趾。一身不自保，何况恋妻子？凝霜被野草，岁暮亦云已。

阮籍善于用花草、尘露、风云、禽鸟、昆虫、神仙等，寓意于象征、托情于万物。在"兴"的手法方面，阮籍善用由景物连带情感，使情感有一依托的旷古时空。如："天马出西北，繇来从东道；春秋非有托，富贵焉常保。"

---

① 《周礼·春官》"宗伯"，郑笺引（见《周礼注疏》卷二十三）。
② 刘勰《文心雕龙·比兴》。
③ 黄节《阮步兵咏怀诗注》引。

"登高临四野，北望青山阿，松柏翳冈岑，飞鸟鸣相过。感慨怀辛酸，怨毒常苦多。""惊风振四野，回云荫堂隅。床帷为谁设？几杖为谁扶？""湛湛长江水，上有枫树林。皋兰被径路，青骊逝骎骎。远望令人悲，春气感我心。""门秋兆凉气，蟋蟀鸣床帷。感物怀殷忧，悄悄令心悲。"在"兴"方面最典型的情感是对生命短促的伤悲。

三、凄恻娓婉的抒情笔法，开后世文风

阮籍因处于魏晋政权更替过程中，伤感与苦痛的情感今人是无法体会的，他悲悯弱者，也怜惜自身，故诗文的笔调凄恻娓婉，清丽的词藻中是斑斑的血痕和掷地有声的刀剑烈火，这种静肃凛烈之美感为后人开创"无所傍依"的伤感文风。请看下面的笔意：

> 悬车在西南，羲和将欲倾。流光耀四海，忽忽至夕冥。朝为咸池晖，濛泛受其荣。岂知穷达士，一死不再生。……杨朱泣岐路，墨子悲染丝。揖让长离别，飘飘难与期。岂徒燕婉情，存亡诚有之。萧索人所悲，祸衅不可辞。……寒门不可出，海水焉可浮。朱明不相见，奄昧独无候。持瓜思秉陵，黄雀诚独羞。失势在须臾，带剑上吾丘。悼彼桑林子，涕下自交流。假乘汧渭间，鞍马去行游。

阮籍伤感的抒情笔法在文赋中亦有淋漓的发挥，如他所作的《首阳山赋》有句：

> 惟兹年之末岁兮，端旬首而重阴，风飘回以曲至兮，雨旋转而纤襟。蟋蟀鸣乎东房兮，鹍鸠号乎西林，时将暮而无俦兮，虑凄怆而感心。振沙衣而出门兮，缨缕绝而靡寻，步徙倚以遥思兮，喟叹息而微吟。……怀分索之情兮，秽群伪之射真，信可实而弗离兮，宁高举而自俭。聊

仰首以广颅兮，瞻首阳之同岑，树丛茂以倾倚兮，纷萧爽而扬音。下崎
岖而无薄兮，上洞彻而无依。凤翔过而不集兮，鸣枭群而并栖，……嘉
粟屏而不存兮，故甘死而采薇。

阮籍此种文风的缘起，刘履评价得颇为深刻：

此言魏室全盛之时，则贤才皆愿仕其朝，譬犹东园桃李，春玩其华，
夏取其实，而往来者聚，其下自成蹊也。及乎权奸僭窃，则贤者退散，
亦犹秋风一起，而草木零落，繁华者于是而憔悴矣，甚至荆杞生于堂上，
则朝廷所用之人，从可知焉，当是时，惟脱身远遁，去从夷齐于西山，
尚恐不能自保，何况恋妻子乎①！

阮籍的感伤恰好是魏晋思想解放大潮中生命意识觉醒与时世险恶人生无
常恐惧的交织，是人生伤感与政治悲愤合一的结果。因此，他不仅继承了古
诗十九首那种普遍的、永恒的生死别离之伤感，又开拓了主体特殊的生命感
受与人生丰富经历中那种与善恶忠奸相应的道德情感。

四、文赋受《庄子》寓言、楚辞神游及汉赋铺张等风格的影响

阮籍所写的赋、书、论、传、赞、诔，文中使气骋辞，词藻华丽，奇偶
相生，韵文与散文相杂，形成独特的风格，尤其受《庄子》寓言、楚辞神游、
汉赋铺张的影响。如《清思赋》笔意：

……夫清虚寥廓，则神物来集；飘飘恍惚，则洞幽贯冥；冰心玉质，
则皦洁思存；恬淡无欲，则泰志适情。伊衷虑之道好兮，又焉处而靡逞。

---

① 黄节《阮步兵咏怀诗注》引。

寒风迈于秦谷兮，父诲子而游鹃。孺悲而母归兮，吴鸿哀而象生。兹感激以达神，岂浩漾而弗营。志不觊而神正，心不荡而自诚，固秉一而内修，堪奥止之匪倾。……

如《答伏羲书》笔意：

……夫人之立节也，将舒纲以笼世，岂撙撙以入网；方开模以范俗，何暇毁质以适检。若良运未协，神机无准，则腾精抗志，邈世高超，荡精举于玄区之表，摅妙节于九垓之外而翱翔之。……

如《乐论》笔意：

……乐者，使人精神平和，衰气不入，天地交泰，远物来集，故谓之乐也。今则流涕感动，嘘唏伤气，寒暑不适，庶物不遂，虽出丝竹，宜谓之哀，奈何俛仰叹息以此称乐乎！昔季流子向风而鼓琴，听之者泣下沾襟，弟子曰："善哉鼓琴！亦已妙矣。"季流子曰："乐谓之善，哀谓之伤；吾为哀伤，非为善乐也。"

如《大人先生传》笔意：

……君子之处区内亦何异夫虱之处裈中乎？悲夫！而乃自以为远祸近福，坚无穷已；亦观夫阳鸟游于尘外而鹪鹩戏于蓬艾，小火固不相及，汝又何以为若君子闻于予乎？且近者夏丧于商，周播之刘，耿薄为墟，丰镐成丘，至人未一顾而世代相酬，厥居未定，他人已有，汝之茅土，谁将与久？

阮籍文赋博采先人所长，将战国文论之逻辑、楚辞的骋驰文意、庄周的诙谐寓理、汉赋的词藻堆砌揉合在一起。然而，他并没有因形式的巧用和博采而丧失独有的意境，其内容的沉重与质地朴实，使阮籍在形式讲究的文风之中仍能看到对"建安风骨"的继承，不过这种风骨多少被正始时期庄子学兴盛后的超脱之色冲淡了。

第九章　阮籍的《咏怀诗》

第一节　《咏怀诗》的意义与源流

阮籍思想情感的透彻表白、文学天才的淋漓发挥，都集中在他的八十二首五言《咏怀诗》中。探讨他的《咏怀诗》，可以说是研究阮籍思想和文学创作的一个重要的切入点。阮籍之后的人对其《咏怀诗》都是持推崇的态度，尚未见到贬损之论。有人评价他凌驾同代诸人直承曹子建（植），也有人说他凌驾曹子建直承楚骚、汉赋，更有人称他影响了唐朝李白的诗风。《咏怀诗》甚至几乎成为阮籍文学地位的代名词。

一、《咏怀诗》的意义

阮籍的《咏怀诗》历代传诵，且历代文人又叹其艰深难解，钟嵘称之为"厥旨渊放，归趣难求"①。颜延之称"文多隐避，百代之下，难以情测"②，

---

① 钟嵘《诗品》。
② 《文选》李善注引颜延年语。

刘勰亦言"阮旨遥深"①。的确，阮籍生当魏晋天下多故之际，为了避祸，诗意深涩朦胧，实属必然；加之他又是玄学中人，对庄子甚为推崇，穷理尽性、玄远莫测的哲理也当然要浸漫于《咏怀诗》的字里行间。阮籍的八十二首《咏怀诗》非成于一时，也不都是刻意而作，多是随意抒感。后人在编辑这些诗篇时，凭主观的意象给其一个咏怀的题目，似不能全部概括这些诗的真意，倒是与阮籍时代比较接近的诗人，如颜延之（384—456 年）、沈约等人所评价的"忧生之嗟"四个字更为贴切。今人陈伯君先生评论道：

　　阮籍《咏怀诗》的意旨成了一个"谜"，而"谜底"则随他的死去而湮没，永远无法核对。然而有了这样好的"谜面"，自然就不断有人去猜。从颜延之、沈约直到李善诸人，都还采取谨慎的态度，只说一个总的印象是"忧生之嗟"，并没有按某首某句去解谜。到了后来，就有人配合着阮籍当时的政局去推测他的某首诗的涵义。这本来是对的，以阮籍的思想和他所遭遇的世变，他的这些抒怀诗决不会无端兴起，而必定是有个端的。从当时的政事去探索他的这个端，当然是一条最可取的研究方法。可是，这要十分慎重，如果勉强去迎合，就不免失之穿凿附会②……

阮籍的诗之所以有"谜"样的魅力，是与他运用言此意彼的表现手法相关联的，这种手法又是其玄学的思维方式所决定的。当时"言意之辨"，不拘泥字句的解释，重视神理的发现成为时尚，既然"言意之辨"被玄学家作为方法论用于思维与实践，阮籍也不妨将此法用于写诗，我们也可以用此法来

①　刘勰《文心雕龙·明诗》。
②　陈伯君《阮籍集校注序》。

诠释其奥妙。阮籍的诗最显著的特点就是不同于以往诗歌创作的纪实风格，不直接描写现实，而是大量用典。八十二首《咏怀诗》，以典故表达主观意向的现象，随处可见。以历史描绘的方式来体现主观的意向，必得有一个前提，即历史上的彼事与主观中的此事之间存在联系，二者有相似性。阮籍主观中的此事，无论多么玄远，总是现实的产物；与历史彼事的关联，无论怎样差异，总有可比之处。如《驾言发魏都》、《湛湛长江水》等篇用典比喻，针砭某事，只是一种抽象的哲理批判，虽有当时的具体背景，但已经上升到了普遍性。

阮籍在诗中还将自己的情感意向模糊化，追求言此意彼的玄远效果，使看似具象的诗歌内容透出玄理的味道。例如，阮籍很少将其"忧生之嗟"明确化。"夜中不能寐，起坐弹鸣琴。薄帷鉴明月，清风吹我襟。孤鸿号外野，翔鸟鸣北林。徘徊将何见，忧思独伤心"。此诗极为抒情，然而为何有此忧思？内容为何？若牵强史事论其所指，大谬也！实"以言尽玄意"。对于阮籍《咏怀诗》的玄学思辨特点，前人也略有论及。如嵇叔良说："先生（指阮籍）承命世之美，希达节之度，得意忘言，寻妙于万物之始；穷理尽性，研几于幽明之极。"① 刘熙载（生卒不详）说"步兵虚无恬淡类庄列"，"阮嗣宗咏怀，玄家之言"②。八十二首《咏怀诗》，代表着正始文学的最高成就。无论如何地朦胧，还是曲折隐晦地反映了那个时代，充分地反映了那个残酷政治中知识分子普遍的心理感受。阮诗用典且模糊情感意向，实出于不得已，"遭阮公之时，自应有阮公之诗也"③，深明其苦衷。阮籍《咏怀诗》与永嘉年玄言诗及六朝逞博的诗用典、旨玄目的不同、方法有别，艺术成就不可同日而语。

---

① 嵇叔良《魏散骑常侍阮嗣宗碑》。
② 刘熙载《艺概》。
③ 沈德潜《说诗晬语》。

汉乐府五言诗以叙事为主，逐步变为古诗十九首抒情为主，又过渡到建安诸位诗人叙事抒情言志并举。到了阮籍五言诗的抒情叙事言志又杂以玄理之旨。这一嬗变的过程显示出中国古典抒情诗创作逐步地由具体事物描写发展到心理刻画，普遍象征；由反映客观现实为主而演变为更多地表现作者的主观倾向。在此过程中，阮籍及其《咏怀诗》的意义非常重要，其诗明确地以"忧生之嗟"为旨，以"咏怀"为重，表现了五言诗转变诗风的轨迹。以后同类诗作的大量涌现，皆步阮籍的后尘而已。

二、《咏怀诗》的版本

《咏怀诗》的版本最早见诸篇籍的，是南朝梁萧统（生卒不详）编订的《昭明文选》，但仅录了十七首，篇目顺序也不同于张溥百三家集题辞本。《昭明文选》五臣注与六臣注在文字上略有出入①。南朝陈徐陵的《玉台新咏》卷二也选录《咏怀诗》二首，分别是其二、十二，文字与《昭明文选》也有不同②。隋朝虞世南撰《北堂书钞》百六十卷，其中卷一二九、一五七，引《咏怀诗》其十五、十九、七十三。唐代欧阳询（557—641 年）纂《艺文类聚》百卷，分别在卷七、十八、二十六、三十三、八十七、九十等六卷，引《咏怀诗》其一、二、三、四、五、六、八、九、十、十二、十五、十六、十九、二十七、三十一、三十四、四十三、四十五、四十六、五十九、七十一等二十一首之多，然而在文字上的差异更大③。差异大致未损及诗意，主要是俗体、省体及同义字的混用。张溥后来订正诗篇时，很多地方参照此一版本。唐代的徐坚（生卒不详）也在其《初学记》卷一、二、三、五、十九、二十七、二十八当中，引《咏怀诗》八首（其一、二、四、六、九、二十七、五十七、八十二）。唐以前文集或类书载阮籍《咏怀诗》的情况大致如上。

---

① 详细差异可参考邱镇京《阮籍咏怀诗研究》，文津出版社，1994 年版，第 104 页。
② 见邱镇京《阮籍咏怀诗研究》，文津出版社，1994 年版，第 105 页。
③ 见邱镇京《阮籍咏怀诗研究》，文津出版社，1994 年版，第 106 页。

张溥在百三家题辞本《咏怀诗》其二十一注中写道：

> 京师曹氏家藏阮步兵诗一卷，唐人所书与世所传多异。其一篇云：放心怀寸阴，羲和将欲冥。挥袂抚长剑，仰观浮云行。云间有立鹤，抗首扬哀声。一飞冲青天，旷世不再鸣。安与鹌鸩徒，翩翩戏中庭。

可见唐朝已有阮籍诗作的单行本流传，然从上面引诗来看，传抄中字形偏误甚多（如"放"应为"于"、"立"应作"玄"、"行"本作"征"、"翩翩"本作"连翩"），以致后来渐被淘汰，不见流传。宋元期间，李昉《太平御览》中，引有其一、二、三、六、十四、十九、二十七等七首，分散于卷三八一、七〇〇、八一六、九四九、九六七、九六八、九七八里面。无其他单行本存世。明朝以后阮籍诗作的刻本多了起来，大致有：嘉靖二十二年刊行的四明范钦刊本（现藏台北故宫图书馆）及万历间新安汪士贤刊本（现藏台北中央图书馆善本书室）《阮嗣宗集》二卷（收在《汉魏名家集》中），其卷下录有全部《咏怀诗》八十二首，但编目顺序与张溥题辞本迥异，与《昭明文选》所录十七首也不相同。更将其四十八"鸣鸠嬉庭树"放在其四十七"生命辰安在"之后合并成为一首。另多编二十二"青鸟海上游，鸒斯蒿下飞……"一首。薛应旂（生卒不详）编明嘉靖刊本《六朝诗集》中，收有《阮嗣宗集》三卷（现藏台北中央图书馆善本书室），其卷二、卷三录有《咏怀诗》八十二首，顺序排列与前述各本也不同，且舛误甚多①。倒是台北故宫收藏的明代刊行白口八行本《阮嗣宗诗》一卷一册，顺序与薛应旂本相同，但印制无误，书后还附有东平太守嵇叔良（生卒不详）撰《阮公碑》。冯惟讷（生卒不详）编有《诗纪》也收录八十二首《咏怀诗》，后来张溥的《阮步兵

---

① 详见邱镇京《阮籍咏怀诗研究》，文津出版社，1994年版，第108页。

集）就是依《诗纪》的顺序编订《咏怀诗》的①。张溥的题辞本见录于《汉魏六朝百三名家集》中，校勘颇为精审，他在《咏怀八十二首》题下注道：

> 诗纪云：阮集传之既久，颇存讹阙，校录者往往肆为补缀，作者之旨，淆乱甚焉。今以诸本参校，其义稍优。

所谓诸本：《昭明文选》、《玉台新咏》、《汉魏诗集》、《艺文类聚》、《初学记》、唐人抄写本、外编本、"今本"和未注版本名称的其他本。张溥校勘每字必有根据，引征据典，甚为可信，故其后曾国藩《十八家诗钞》、丁仲祜《全汉三国南北朝诗》大抵沿用其书。张溥之后，以黄节的《阮步兵咏怀诗注》最优，该书成于1926年，所本为仁和蒋东桥（生卒不详）本②，取张溥之说。之后尚有梅县古直撰《阮嗣宗诗笺》及黄侃（季刚）（1886—1935年）《阮步兵咏怀诗笺》。1985年中华书局出版了黄节、黄况的弟子陈伯君先生的《阮籍集校注》，卷下《咏怀诗》部分，堪称目前最佳注本。

三、《咏怀诗》的源流

对阮籍《咏怀诗》的源流，历代学者有四种观点。第一种认为出于《诗经·小雅》。首倡者为南朝梁钟嵘："晋步兵阮籍诗，其源出于小雅，无雕虫之功，而咏怀之作，可以陶性灵、发幽思，言在耳目之内，情寄八荒之表，洋洋乎会于风雅，使人忘其鄙近。"③ 明代张溥也持此说，在他所辑《汉魏六朝百三名家集》中《阮步兵集》题辞中道："晋王九锡，公卿劝进，嗣宗制词，婉而善讽，司马孤雏人主，豺声震怒，亦无所加，正言感人，尚愈寺人

---

① 阮籍的八十二首《咏怀诗》所排顺序可参考邱镇京《阮籍咏怀诗研究》第四章，附"咏怀诗编次异同表"。
② 见黄节《阮步兵咏怀诗注》自叙。
③ 钟嵘《诗品》。

孟子之诗乎?"今人黄节认为,"今注嗣宗诗,开篇鸿号翔鸟,徘徊伤心,视四牡之诗,翩翩者雏,载飞载下,集于苞栩,王事靡监,我心伤悲,抑复何异? 嗣宗其小雅诗人之志乎!"① 他们主张源于《诗经·小雅》的理由是阮诗"怨而不乱"、"婉而善讽",有类似《小雅》的政治批评作用。张溥、黄节举出寺人孟子"刺幽王"的"巷伯"②,悲王事靡的"四牡"二诗与阮诗比较,可见风格相同。钟嵘评价阮诗"无雕虫之功",抒写言近旨远的胸怀,与《小雅》风格相合,此论极当。

第二种观点主张《咏怀诗》源于《离骚》。持此论者为陈祚明(生卒不详)、王闿运(1833—1916 年)、何义门(生卒不详)、沈德潜(1673—1769年)等人。如"(阮)公诗学自《离骚》"③,"阮公之诗,源出于《骚》"④,"其诗自《离骚》来"⑤。但三人都没有指出阮诗继承《离骚》的哪一方面,从形式上看,《咏怀诗》为成熟的五言诗,其中字句引用楚辞,但与六言为主的骚体并不相同。从意旨上看,屈原以爱国之心抒发崇高的理想,与充满玄思,对魏晋之事愤世嫉俗的阮籍大不相同。当然,二者相似之处确实存在,如同具凄怆之怀、游仙之思,都继承了"依诗取兴,引类比喻"的《诗经》比兴传统。合乎情理的解释应是阮籍运用了《离骚》中"寄情于物","托物之讽"的风格,营造了类似屈原悲怆的气氛并继承了屈原游仙的浪漫情怀。王闿运说:"阮诗好以香草美人迷离其旨,有骚之遗音。"⑥

第三种观点是比较折衷的,认为阮诗对《小雅》、《离骚》皆有继承。持此论者方东树说:

---

① 黄节《阮步兵咏怀诗注》。
② 《诗经》毛诗序载:"巷伯,刺幽王也。寺人伤于谗,故作是诗也。"
③ 陈祚明《采菽堂古诗选》。
④ 何焯《义门读书记》。
⑤ 沈德潜《古诗源》。
⑥ 王闿运《湘绮楼全集》。

何（义门）云：阮公源出于《骚》，而钟记室以为出于《小雅》，愚谓《骚》与《雅》，特文体不同耳，其悯时病俗，忧伤之情，岂有二哉！阮公之时与世，真《小雅》之时与世也，其心则屈子之心也，以为《骚》，以为《小雅》，皆无不可，而其文之宏放高迈，沉痛幽深，则于《骚》、《雅》皆近之，钟、何之论，皆滞见也①。

此论肯定了阮诗、《小雅》、《离骚》三者同重于哀怨尽情，求阮诗与二者哪一个更相近，似无必要。

第四种观点认为，《咏怀诗》"从风格情调、技巧形式以及内容比兴等各方面言，……不仅胎息于《小雅》，孳生于楚辞，而且深受古诗及李、苏和曹植等汉人作品的影响"②。持此论者为文化大学教授邱镇京，北京高等学校文科教材《中国文学史》亦持此论。笔者认为此论比较符合实际，尤其是将阮籍放在文学发展的进程中看，远、近文学的风格、意旨、形式都会影响到他。特别是在创作的技巧上，阮籍运用了诸多古诗十九首、曹丕、曹植的《杂诗》当中的形式，有些句子在用词的文义上几乎没有区别，如曹植的"形影忽不见，翩翩伤我心"（《杂诗》六之一）与阮籍的"徘徊将何见，忧思独伤心"（《咏怀诗》其一）。有的全诗意境相似，如曹植杂诗之四：

南国有佳人，容华若桃李。朝游江北岸，日夕宿湘沚。时俗薄朱颜，谁为发皓齿。俛仰岁将暮，荣耀难久持。

---

① 方东树《昭昧詹》。
② 邱镇京《阮籍咏怀诗研究》，文津出版社，1994 年版，第 125 页。

阮籍《咏怀诗》其十九：

> 西方有佳人，皎若白日光。被服纤罗衣，左右佩双璜。修容耀姿美，
> 顺风振微芳。
>
> ……飘飘恍惚中，流盼顾我傍。悦怿未交接，晤言用感伤。

胡应麟先生说："阮公起建安后，独得遗响"，"南国有佳人等篇，嗣宗诸作之祖。"[①]

在内容方面，《咏怀诗》与古诗十九首及李陵（？—前74年）、苏武（？—前60年）、曹丕、曹植等人被收在《昭明文选》卷二十九"杂诗"类，在意旨上并无两样，而游仙思想也可在古诗十九首和曹植的诗中见到相似的笔意。

第二节　《咏怀诗》的内容剖析

对阮籍《咏怀诗》的内容，钟嵘评为"厥旨渊放，归趣难求"[②]。后来李善（约630—689年）为《昭明文选》作注文，引颜延年语称其"文多隐避，百代之下，难以情测"。其后很少有人深入探讨其内容的涵义，当然有许多学者将其完全与魏晋禅代那段历史结合起来，视《咏怀诗》为政治讽谕诗，陷入穿凿附会，如唐朝继李善之后注《昭明文选》的"五臣"皆言阮籍以诗"刺司马文王"[③]。究其实质，《咏怀诗》既是阮籍抒发内心情感的作品，又不能不带有那个时代思想、史实的印迹。对《咏怀诗》依内容进行分类的有陈

---

① 胡应麟《诗薮内篇》卷二。
② 钟嵘《诗品》。
③ 陈伯君校注《阮籍集》序言部分。中华书局，1987年版，第6页。

沉，他取其中三十八首分为三类："悼宗国将亡十二首；刺权奸以戒后世十首；述己志、或忧时、或自励者十六首"①。沈祖棻分为六类："今寻绎八十二篇，主题所关，大体不外六类：或为忧国，或为刺时，或为思贤，或为惧祸，或为避世。此五点者，皆缘时世而发。五点之外，时亦虑及生命无常，为人类超时世之永恒悲哀而咏叹"②。今人邱镇京教授抱着"古今之迹虽殊，哀乐之情不异"的信条，引据史实，探索底蕴，分其为五类：自述、讽刺、伤感、忧生、隐逸③。笔者寻前人之精思，结合时代之思潮暨个人主观之体验，将《咏怀诗》分为四类——自述、讽喻、忧伤、游仙。下面将循此分类对其内容略加剖析。

一、昭示一生心路历程的自述诗

此类诗在咏怀八十二首中占篇数不多，但颇能反映阮籍的心路历程。如其五："平生少年时，轻薄好弦歌。西游咸阳中，赵李相经过。娱乐未终极，白日忽蹉跎。驱马忽来归，反顾望三河。"其十五："昔年十四五，志尚好书诗。被褐怀珠玉，颜闵相与期。……千秋万岁后，荣名安所之。乃悟羡门子，噭噭今自嗤。"反映出作者少年时结交豪客，行乐笙歌；后年龄增长遂立志学儒，后悟生死之大旨，由入世转为出世。其三十九、六十一两首更是言及年轻时不仅有儒家经世的胸怀，更有侠客行世的豪气，但晚岁阅历既多，人生观变化颇大，尤其受道家思想的影响，然而又本能地不愿放弃人生现世的政治理想与追求，故心路历程显出矛盾的迹象。其七十九："林中有奇鸟，自言是凤凰。……适逢商风起，羽翼自摧藏。……但恨处非位，怆恨使心伤。其六十："儒者通六艺，立志不可干。违礼不为动，非法不敢言。……烈烈褒贬辞，老氏用长叹。"其三十八："……弯弓挂扶桑，长剑倚天外。……视彼庄

---

① 陈沆《诗比兴笺》。

② 沈祖棻《阮嗣宗咏怀诗初论》。

③ 邱镇京《阮籍咏怀诗研究》，文津出版社，1994年版，第127页。

周子，荣枯何足赖。"建功立业的儒臣名将，确曾是阮籍早年崇敬的偶像，而时世的磨难，逐渐老庄思想取代了他原来炽热的入世情怀。其七十四："猗欤上世士，恬淡自安贫。……咄咄荣辱事，去来味道真。道真信可娱，清洁存精神。巢由抗高洁，从此适河滨。"

阮籍心路历程转变的原因也可从自述诗中窥见一斑。其七十六完全是个委婉地描写所处时代环境的剖心之作：险路行车，马的力量很快要耗尽；鱼所以要深潜水底，因为钓鱼的丝线已垂得很长；鸟所以要高飞，是因为猎人弋射的矢缴放得更长；不知收敛、妄自逞强显能的话，有如泛舟于汪洋大海，泊留无地。与其显达后避害求生，不如早日相忘于江湖，不入险境，保身延年。这正是阮籍由儒入老的原因。

阮籍自述诗中亦有涉及到爱慕美女的内容，这与他诗人的气质，视礼法为羁绊人性的枷锁是合拍的。如其六十四："朝出上东门，遥望首阳基。松柏郁森沉，鹂黄相与嬉。逍遥九曲间，徘徊欲何之。念我平居时，郁然思妖姬。"其三十七："嘉时在今辰，零雨洒尘埃。临路望所思，日夕复不来。"这些感情的描绘与阮籍传记中所言的为有才色的兵家女之死而哭；醉卧于当垆沽酒的美颜少妇身旁；嫂子回娘家时专程去送行，等等爱慕女子的纯情之心是一致的（对此本书第一章专有论述）。

前面论及的十一首自述诗，加上蒋师爚（生卒不详）认定的阮籍拜为东平相后所作的其六十八、黄节疑为与"求为步兵校尉，遗落世事"有关的其七十三①，共十三首。对自述诗的评价，笔者认为邱镇京教授的表述可谓无出其右矣："……如参以《晋书》本传所载：'尝登广武，观楚汉战处，……于是赋豪杰诗'等看来，可知：嗣宗本具有诗人的气质，儒家的胸怀，和英雄的气慨。但因'天下多故'，魏晋陵替，逐渐湮没了他的英雄气概，抑止了他

_____

① 黄节《阮步兵咏怀诗注》。

的儒家胸怀，成就了他的诗人气质，所以，才再三吐露出'悔恨从此生'的自述诗。"①

二、曲折表白政治观点的讽喻诗

阮籍对当时政治状况不满，但慑于杀戮的威严，遂把抨击的矛头指向礼教。因为，礼法已被当政者所利用，成为达成卑鄙目的之外在堂皇的仪式。《咏怀诗》其六十七："洪生资制度，被服正有常。尊卑设次序，事物齐纪纲。……外厉贞素谈，户内灭芬芳。放口从衷出，复说道义方。委曲周旋仪，姿态愁我肠。"表明对礼教的厌倦，"自有托礼以文其伪、售其奸者，而礼乃为天下患，观此诗知嗣宗之荡轶绳检，有激使然，非其本也"②。其四十三、五十八是明显讥讽伪善的礼法之士，王闿运、曾国藩（1811—1872 年）亦持此见。阮籍还借用许多神话、典故讽喻当时的政争，以曲折地表白自己愤懑的心绪，如其二，用二妃游江缔"金石交"讽司马氏受托魏明帝，却专权僭越。"二妃游江滨，逍遥顺风翔。交甫怀环佩，婉娈有芬芳。……如何金石交，一旦更离伤"。其十二更用战国时安陵君以色受楚恭王宠信，龙阳君以色事魏王的故事，来讽喻司马氏蒙厚恩于魏，却不及安陵、龙阳这样的以色事主之人尚有忠心，反而将行篡夺皇位。阮籍又喟叹交友不易，人情难测，其六十九："人知结交易，交友诚独难。险路多疑惑，明珠未可干。彼求飨太牢，我欲并一餐。损益生怨毒，咄咄复何言。"因为利益而生结怨恨的朋友们，你们曾喋喋不休地彼此信誓旦旦，现在还有什么可说的？

阮籍还以《咏怀诗》寓魏高贵乡公曹髦（？—260 年）被弑之事，其五十六中可见司马昭命成济（？—260 年）兄弟杀曹髦，又杀成济兄弟："婉娈佞邪子，随利来相欺。孤恩损惠施，但为谗夫嗤。鹡鸰鸣云中，载飞靡所期。

---

① 邱镇京《阮籍咏怀诗研究》，文津出版社，1994 年版，第 134 页。
② 陈祚明评语，参见黄节《阮步兵咏怀诗初论》。

焉知倾侧士，一旦不可持。"其十三中更以"李公悲东门，苏子狭三河"来喻追随司马氏的群臣好像是卑视周王室的苏秦、助秦为虐的李斯，到头来没有好的下场。其五十一则用含蓄的笔法讥讽司马氏家族："丹心失恩泽，重德丧所宜。善言焉可长，慈惠未易施。不见南飞燕，羽翼正差池。高子怨亲诗，三子悼乖离。何为混沌氏，倏忽体貌隳。"此中将文帝、明帝托孤司马氏、司马昭弑君、假义葬以王礼等——点出。

当然，阮籍对政治的厌恶也表现在以诗讽曹魏皇室的腐败。其三十一："驾言发魏都，南向望吹台。萧管有遗音，梁王安在哉？战士食糟糠，贤者处蒿莱。歌舞曲未终，秦兵已复来。"其五十三："如何夸毗子，作色怀骄肠。乘轩驱良马，凭几向膏粱。被服纤罗衣，深榭设闲房。不见日夕华，翩翩飞路傍。"其五十二："千岁犹崇朝，一餐聊自己。是非得失间，焉足相讥理。计利知术穷，哀情遽能止。"

类似上述的政治讽喻诗，在《咏怀诗》中占近五分之一，大致包括其二、十三、三十一、四十三、五十一、五十二、五十三、五十六、五十八、六十七、六十九、七十一、七十二。另有"闵念明帝不善用其明"之其二十九，及"一朝再三荣"的其七十五，共计十六首。这些讽喻诗有些并不能牵强附会地理解为针对某人某事，但它们确实是讽喻阮籍所处时代的险恶多变的政治生态，许多地方是一诗寓多事，数诗讽喻一事且延牵多人。时世危厄，终得用曲笔也。

三、感伤时世、慨叹人生的忧伤诗

这类诗有两个角度，一是悼伤时世与他人，所谓"悼人"；二是叹悼自己，高扬生命的意识，所谓"悼己"。这是个时代的大氛围问题，本书第三章专有论及，此不赘述。悼人悼己实质上是对万物流变的一种莫可奈何的凝视；是对往日情怀的一种期待静止、永存的怅望；是渴望生命中曾经历过的美好瞬间亘古持续，永不消失。然而，知生命的可贵，方能体验生命于现世中成长、衰亡的酸楚。阮籍《咏怀诗》中的忧伤诗就是这种大时代与小自我交织在一起的真实写照。这类诗共计三十三首。

其十八："悬车在西南，羲和将欲倾。流光耀四海，忽忽至夕冥。朝为咸池晖，蒙泛受其荣。岂知穷达士，一死不再生。视彼桃李花，谁能久荧荧。君子在何许，叹息未合并。瞻仰景山松，可以慰我情。"其二十："杨朱泣歧路，墨子悲染丝。揖让长离别，飘飖难与期。岂徒燕婉情，存亡诚有之。萧索人所悲，祸衅不可辞。"其六十六："……持瓜思东陵，黄雀诚独羞。失势在须臾，带剑上吾丘。悼彼桑林子，涕下自交流。假乘汧渭间，鞍马去行游。"其三："嘉树下成蹊，东园桃与李。秋风吹飞藿，零落从此始。繁华有憔悴，堂上生荆杞。驱马舍之去，去上西山趾。一身不自保，何况恋妻子？凝霜被野草，岁暮亦云已。"其七、其九、其十六有句"忉怛莫我知"、"凄怆伤我心"、"俛仰怀哀伤"，都是哀伤时世之艰难，政争中魏室、友人的亡故。更有明确悼当时的高贵乡公曹髦的其六十五、五十五，悼正始诸臣的其十一、其八十，尤其是悼友人嵇康的其六十二①，甚为难得："平昼整衣冠，思见客与宾。宾客者谁子，倏忽若飞尘。裳衣佩云气，言语究灵神，须臾相背弃，何时见斯人。"

悼人终至悼己，这已经提升到了另一境界，不是去怨恨使友人亡逝的时世，而是哀叹人生的短暂，万物的无常。这是主体莫名其状的忧伤。如其一："夜中不能寐，起坐弹鸣琴。薄帷鉴明月，清风吹我襟。孤鸿号外野，翔鸟鸣北林。徘徊将何见，忧思独伤心。"其四："……春秋非有托，富贵焉常保。……朝为美少年，夕暮成丑老。"其十四："感物怀殷忧，悄悄令心悲。"其十七："日暮思亲友，晤言用自写。"其二十二："存亡从变化，日月有浮沉。"其二十五："势路有穷达，咨嗟安可长。"其三十四："愁苦在一时，高行伤微

---

① 黄节注引曾国藩语："此首或指孙登、嵇康之流。"参见黄节《阮步兵咏怀诗注》。

身。"其四十八："死生自然理，消散何缤纷。"其五十四："一餐度万世，千岁再浮沉。谁言玉石同，泪下不可禁。"其六十三："多虑令志散，寂寞使心忧。翱翔观彼泽，抚剑登轻舟。但愿长闲暇，后岁复来游。"其四十五："乐极消灵神，哀深伤人情。竟知忧无益，岂若归太清。"其二十四："殷忧令志结，怵惕常若惊。"以上这些诗句当中感觉不到有任何的怨愤世浊与时世的不公平，而完全是一种忧生命之短暂无常的怅然若失的境界。忧伤至极悼人悼己悲惧交集的代表作当推其三十三，这可说是名垂千古的哀生之作：

> 一日复一夕，一夕复一朝。颜色改平常，精神自损消。胸中怀汤火，变化故相招。万事无穷极，知谋苦不饶。但恐须臾间，魂气随风飘。终日履薄冰，谁知我心焦。

四、受玄学思潮影响，清远恬淡的游仙诗

游仙诗的形成是在建安时代曹氏父子手中实现的，在此之前的汉乐府诗虽有游仙题材，然未成正格。阮籍的《咏怀诗》中，涉及游仙内容的有二十七首。刘勰说："乃正始明道，诗杂仙心；何晏之徒，率多浮浅。唯嵇志清峻，阮旨遥深，故能标焉。"① 阮籍作游仙诗是在忧生之叹和对世事含蓄指责之外，自己营造一种超凡脱俗境界，在道家理想的仙境中解除现实的痛苦。如其二十三："东南有射山，汾水出其阳。六龙服气与，云盖覆天纲。仙者四五人，逍遥宴兰芳。寝息一纯和，呼噏成露霜。沐浴丹渊中，炤燿日月光。岂安通灵台，游濊去高翔。"其三十六，玄远的游仙风格更明显，通过"临堂"、"华树"、"飞鸟"构成幽远的境界，又以"悠悠"、"无形"、"倏忽"、"冥"这四个玄学术语营造冲虚恬淡的玄学氛围。

---

① 刘勰《文心雕龙·明诗》。

144

阮籍并非相信人长生不老，他不热衷服药成仙等修炼之事，他追求的仙界是退而求隐的境界，是寻求玄学的理想精神境界，即宇宙与我合一的"仙境"，其四十二："……阴阳有舛错，日月不常融。天时有否泰，人事多盈冲。圆绮遁南岳，伯阳隐西戎。保身念道真，宠耀焉足崇。人谁不善始，鲜能克厥终。休哉上世士，万载垂清风。"阮籍在游仙诗中有许多仙境的具体景象之描绘，如其十："焉见王子乔，乘云翔邓林。"其二十四："三芝延瀛洲，远游可长生。"其三十五："濯发旸谷滨，远游昆岳傍。"其四十五："竟知忧无益，岂若归太清。"等等。其中"邓林"、"昆岳"、"太清"都是道教的仙境，但阮籍诗中意境与道教的仙境有本质的区别，他是指玄学理想的精神境界——万物与我合一的"道"的境界。如其四十五：

> 幽兰不可佩，朱草为谁荣？修竹隐山阴，射干临增城。葛藟延幽谷，绵绵瓜瓞生。乐极消灵神，哀深伤人情。竟知忧无益，岂若归太清。

可见，阮籍之游仙诗所言"升仙"实际上是归隐。

阮籍《咏怀诗》中的游仙内容集中反映了他的玄学思想，可以说，他的游仙诗是玄理化了的游仙诗。可以从四个面向来探究。

其一，直接在诗中使用《周易》、《老子》、《庄子》等玄学经典中的句子。如其四十："混元生两仪，四象运衡玑。"

其二，运用当时流行的玄学术语。如其五十："谁云君子贤，明达安可能。"明达"就是玄学用语，意思同于阮籍《通老论》中的"明于天人之理，达于自然之分"。如其七十四："咄嗟荣辱事，去来味道真。道真信可娱，清洁存精神。"其中"道真"也是玄学术语，其四十二也引用："保身念道真，宠耀焉足崇。"

其三，大量征引《老》、《庄》之典。如其三十二："愿登太华山，上与松子游。渔父知世患，乘流泛轻舟。"引自《庄子·渔父》。又如其二十三中的"射山"、"天罔"、"灵台"也引自《老》、《庄》典籍。

其四，将主观对"道"之境界的理解以形象化的诗歌语言表现出来。如其三十六："谁言万事难，逍遥可终生。……彷徨思亲友，倏忽复至冥。""冥"被阮籍用来描绘"道"的境界，他在《清思赋》中也有"飘飖恍惚，则洞幽贯冥"句。"幽"、"冥"都是得"道"的境界。

阮籍的游仙诗并未全脱人世的感情，他求隐难隐之苦痛也在诗中反映出来。如其七十："有悲则有情，无悲亦无思。苟非婴网罟，何必万里畿？"其二十八："系累名利场，驽骏同一辑。岂若遗耳目，升遐去殷忧。"其五十七："离娄玉山下，遗弃毁与誉。"其十九："寄颜云霄间，挥袖凌虚翔。"其四十九："高鸟摩天飞，凌云共游嬉。"

将阮籍《咏怀诗》分为上面四大类，并非是绝对的划分，许多诗中不仅有讽喻的内容，也有伤感的成分，间或有游仙的词句。创作是复杂的心理过程，笔者仅以阮诗中的各篇主调为分析内容的凭借，意在剖析诗人内心体验与诗的关系。

第三节　《咏怀诗》的地位及对后世诗人的影响

正如胡适（1891—1962 年）先生在《白话文学史》中所说："五言诗的创作，始于汉代无名诗人的歌谣。"[①] 东汉史学家班固（32—92 年）曾作《咏史》五言，赞缇萦救父之事，这种诗的形式始得文人肯定，但仍视为纯粹记史之言，钟嵘评之为："东京二百载中，惟有班固《咏史》，质木无文。"[②] 东

---

① 胡适《白话文学史》，启明出版社，第 51 页。
② 钟嵘《诗品》。

汉著名的五言诗有张衡（78—139年）《同声歌》，秦嘉（生卒不详）《赠妇诗》，赵壹（生卒不详）《疾邪诗》，蔡邕（132—192年）《饮马长城窟》等。建安年曹氏父子及建安文人结合慷慨多气的时风，用五言充分表达个人的志向和人生的苦乐。而阮籍则把五言《咏怀诗》与整个时代的氛围、个人的遭际、哲学流变、艺术的魅力融合一体，把五言诗的创作推到一个高峰。章江先生说："阮籍是建安以来全力创作五言诗的诗人，五言诗到了建安时代已经非常成熟，尤其经过曹植、刘桢、王粲等人的致力写作，不仅扩大了五言诗的范围，也锤炼了诗的语言，奠定了稳固的基础。迨阮籍的八十二首五言咏怀出，五言诗的地位就更加确定了。"①

一、《咏怀诗》于诗史发展史上的特殊地位

邱镇京教授是研究阮籍《咏怀诗》的专家，他从三个方面给阮诗以高度的评价②。其一，在创作的数量上是建安以来第一位多产作家。在他之前，曹植七十一首，曹丕十九首，王粲十五首，刘桢十四首，应璩十三首，阮瑀十二首，嵇康九首，曹操七首，应场五首，都难以在量上与他相比。其二，在诗风的转变上，阮籍是建安以后，使五言诗脱离民歌风格的关键人物。建安诗人的共同特征是受乐府民歌的影响，并且都或多或少地有乐府创作。如词采华丽的曹植，在七十一首五言诗中，便有三十三首列在乐府诗内，其中《泰山梁甫行》是乐府《东门行》、《妇病行》等诗意的实质表现；《美女》前半部分摹仿《陌上桑》的表现手法，其他如《白马》、《野田黄雀行》、《门有万里客行》也属于乐府民歌的风格。而阮籍则不依傍他人，"他把五言从民歌性质的阵营里拉出来，重新建立了一座古色古香的堡垒"③。他纯粹以自身的强烈孤独感，结合时代精神，以非凡的才华开创新的诗风，"把眼光放得很远

---

① 章江《魏晋南北朝文学家》，大江出版社，1971年版。
② 邱镇京《阮籍咏怀诗研究》，文津出版社，1994年版，第224页。
③ 易君左《中国文学史》，华联出版社。

很大了，诗的天地开了”[①]。其三，在技巧方面，阮籍是建安诗歌逐渐走向太康时代诗歌轻绮柔靡过程中，以冲淡的笔法力挽狂澜的人物。建安诗人自曹植、王粲起便有了重辞采华美、文学琢饰的痕迹，如曹植的“凝霜依玉除，清风飘飞阁”（《赠丁仪》），“秋兰被长坡，朱华冒绿池”（《公讌》）；王粲的“山冈有余映，岩阿增重阴”（《七哀诗》之二），“曲池扬素波，列树敷丹荣”（《杂诗》）。这些都刻意表现了形式的对仗与词藻的华饰，由此一脉相承的是后来的太康年间，终致一片诗界风华有余，骨力不济的现象。阮籍在两个时代之间，他未受琢饰之风的影响，以浑朴的字句，独步当世，试看“独坐空堂上，谁可与亲者？出门临永路，不见行车马。登高望九洲，悠悠分旷野。孤鸟西北飞，离兽东南下。日暮思亲友，晤言用自写。”（《咏怀诗》其十七）又如：“殷忧令志结，怵惕常若惊。逍遥未终宴，朱阳忽西倾。蟋蟀在户牖，蟪蛄号中庭。心肠未相好，谁云亮我情。愿为云间鸟，千里一哀鸣。三芝延瀛洲，远游可长生。”（其二十四）此诗起势苍劲哀凉，中段曲折哀伤，结尾平淡恬静，没有任何琢雕，完全凭借人生的历达与玄远高深的思想。阮籍恣肆的才华也决定《咏怀诗》多变的笔法与风格。如其三十八：“炎光延万里”、三十九：“壮士何慷慨”描写雄伟的抱负；其二“二妃游江滨”，三十七“嘉时在今辰”描写绮旎情爱；其六十二“平昼整衣冠”，七十七“咄嗟行至老”伤怀挚友；其六“昔闻东陵瓜”，四十六“鸴鸠飞桑榆”申扬老庄本趣。这些都以平淡质朴的文字，以情感的流泻一气呵成，恰如天马行空。刘勰评论道：“嗣宗俶傥，故响逸而调远。”[②] 钟嵘道：“咏怀之作，可以陶性灵，发幽思。言在耳目之内，情寄八荒之表。洋洋会于风雅，使人忘其鄙近，自致远大。颇多感慨之词。”[③] 王世贞（1526—1590 年）道：“阮公咏怀，远

① 易君左《中国文学史》，华联出版社。
② 刘勰《文心雕龙·体性》。
③ 钟嵘《诗品》。

近之间，遇境即际，遇穷即止，坐不著论，宗佳耳。"① 王夫之（1619—1692年）道："步兵咏怀，自是旷代绝作，……以高朗之怀，脱颖之气，取神似于离合之间，大要如晴云出岫，舒卷无定质。而当其有所不及，则弘忍之力，内视荆聂矣。且其托体之妙，或以自安，或以自悼，或标物外之旨，或寄疾邪之思；意固径庭，而言皆一致，信其但然而又不徒然，疑其必然而彼固不然。不但当时雄猜之渠长，无可施其怨忌，且使千秋以还了无觅脚跟处。"② 邱镇京教授之评价甚为公正："称得上千古逸音之正宗，在中国诗歌史上，其本身便具有不可忽视的地位与价值。"③

二、《咏怀诗》对后世诗人作品的各种影响

第一，后代诗人仿效咏怀笔法，现可以《全汉三国两晋南北朝诗》所载诗篇为参照，其中支遁五首、另有述怀诗二首；史宗一首④；吴均（469—520年）二首⑤；张君祖（生卒不详）三首⑥；庾信（513—581年）二十七首⑦。直接摹拟阮籍《咏怀诗》的有，鲍照（约414—466年）《拟阮公夜中不能寐》一首；王素（生卒不详）《学阮步兵体》一首⑧；江淹（444—505年）《阮步兵籍咏怀》一首，另《效阮公诗十五首》⑨；张正见（生卒不详）《薄帷鉴明月》一首；江聪（生卒不详）《侍宴赋得起坐弹鸣琴》一首⑩。唐代之后诗人众多，作品浩瀚，其中以咏怀为题写作或仿效阮籍诗者不胜枚举。

第二，明显受阮籍影响的历代诗人，本章第二节笔者将阮诗循内容主旨·

---

① 王世贞《艺苑卮言》卷三。
② 王夫之《古诗评选》卷四。
③ 邱镇京《阮籍咏怀诗研究》，文津出版社，1994 年版，第 227 页。
④ 《全晋诗》卷七，见《全汉三国两晋南北朝诗》。
⑤ 《全梁诗》卷八，见《全汉三国两晋南北朝诗》。
⑥ 《全陈诗》卷四，见《全汉三国两晋南北朝诗》。
⑦ 《全北周诗》卷二，见《全汉三国两晋南北朝诗》。
⑧ 《全宋诗》卷四、卷五，见《全汉三国两晋南北朝诗》。
⑨ 《全梁诗》卷五，见《全汉三国两晋南北朝诗》。
⑩ 《全陈诗：卷二、卷三，见《全汉三国两晋南北朝诗》。

分为四类，但若以诗人创作的情绪与情境来讲，可按古人之说分为二类：即钟嵘所言"归趣难求"①与沈德潜所言"兴寄无端"②，而两者同趋的大旨又可归纳为"忧生之嗟"③。"忧生之嗟"完全是历史时代之环境所致，有什么样的时代就会有什么样的诗人，正所谓"遭阮公之时，自应有阮公之诗也"④。这样看来，后世诗人若有遭类似阮籍境遇者，自然就会在很大程度上与阮籍《咏怀诗》有同感共鸣，自然在自己的创作中运用阮诗的"隐僻遥深"⑤的风格。

明显受阮籍影响的后代诗人包括：东晋游仙诗人郭璞（276—324年）；东晋田园诗人陶潜；初唐隐逸诗人王绩（585—644年）；初唐风骨诗人陈子昂（661—702年）；中唐诗人张九龄（678—740年）；中唐浪漫诗人李白。下面简析一二：

郭璞（276—324年），传诗二十二首，其中游仙诗十四首，借咏神仙以歌咏隐遁，又富于咏怀，如游仙诗第一首中"朱门何足荣？未若托蓬莱。""灵谿可潜盘，安事登云梯。"与阮诗"时路乌足争？太极可翱翔。"（其三十五）"布衣可终身，宠辱岂足赖？"（其六），在句法、意义上如出一辙。又如游仙诗第三首描写神仙的风仪、居所，与阮诗其二十三、七十八非常相似。

陶潜（365—427年），与阮籍所处时代特征、个人遭际非常近似，他始终有回归自然，倘佯田园的期盼，他的诗存留四卷，四言三十九首、五言一百十六首。其中多有与阮诗相似之作，《拟古》其九："种桑长江边，三年望当采。枝条始欲茂，忽值山河改。柯叶自摧折，根株浮沧海。春蚕既无食，寒衣欲谁待，本不植高原，今日复何悔。"《拟古》其四在作法上与阮诗"登

① 钟嵘《诗品》。
② 沈德潜《古诗源》卷六。
③ 颜延之、沈约语，《昭明文选》李善注引。
④ 沈德潜《说诗晬语》。
⑤ 邱镇京语，见《阮籍咏怀诗研究》，文津出版社，1994年版，第229页。

150

高望四野"(其十三)也类似。《饮酒》诗更在句法、用事和设境方面与《咏怀诗》酷似。

王绩（585—644 年），平生嗜酒，故在留存的五十余首诗中可见到对阮籍、陶潜的崇慕之意。他的行为上常摹仿阮籍，闭门读书、登山临水、流连酒肆。在诗作上极具遁世的情调，《古意》诗六首受阮诗影响很大，之一："幽人在何所？紫岩有仙躅，月下横宝琴，此外将安欲？"似阮诗其一："夜中不能寐，起坐弹鸣琴。"《古意》之二："宁知轩辕后，更有伶伦出。刀斧俄见寻，根株坐相失。"之三："渔人递往还，网罟相萦薨，一朝失运会，刳肠血流死。"之四："风惊西北枝，雹陨东南节，不知岁月久，稍觉枝干折。"之五："桂树何苍苍，秋来花更芳。自言岁寒性，不知露与霜。"之六："彩凤欲将归，提罗出郊访。罗张大泽已，凤入重云飚。"这些诗与阮籍"昔闻东陵瓜"（其六）。"木槿荣丘墓"（其七十一）诗意相同。

陈子昂（661—702 年），一生坎坷与阮籍相似，诗追"汉魏风骨"，以阮籍为宗"正始之音，复睹于兹"①，"斐然狂简，虽有劳人之歌；怅然咏怀，曾无阮籍之思"②。他的代表诗作是三十八首感物抒怀的《感遇》诗，其中不少与阮籍《咏怀诗》同具"词句隐僻"、"意旨难求"的特色，僧皎然说："子昂感遇，其源出于阮公《咏怀》。"③ 胡应麟（1551—1602 年）说："子昂感遇，尽削浮靡，一振古雅，唐初自是杰出。盖魏晋之后，惟此尚有步兵余韵。"④ 如《感遇》其二十五："西驰丁零塞，北上单于台。登山见千里，怀古心悠哉！谁言未忘祸，磨灭成尘埃。"《蓟丘览古》其二："南登碣石馆，遥望黄金台。邱陵尽乔木，昭王安在哉！霸图怅已矣，驱马复归来。"可说与

---

① 陈子昂《修竹篇序》。
② 陈子昂《上薛令文章启》。
③ 《诗薮内篇》卷二。
④ 《诗薮内篇》卷二。

阮诗其三十一极为相似。

张九龄（678—740 年），有集二十卷，以《感遇诗》十二首为代表。其《叙怀》之一前四句就可见阮诗其十五的影子："弱岁读群史，抗节追古人。被褐有怀玉，佩印从负薪。"《感遇》之四："孤鸿海上来，池潢不敢顾。侧见双翠鸟，巢在三株树。……今我游冥冥，弋者何所慕。"这与阮诗其四十三："鸿鹄相随飞，飞飞适荒裔。双翮凌长风，须臾万里逝。朝餐琅玕实，夕宿丹山际。抗身青云中，网罗孰能制？岂与乡曲士，携手共言誓"情调旨趣皆同。张九龄也如阮籍一样仿效骚体诗比兴手法，常以草木禽鸟为喻，托物言志，这点他与陈子昂是有区别的。如《感遇诗》其七："江南有丹菊，经冬犹绿林。岂伊地气暖？自有岁寒心。"高步瀛在《唐宋诗举要》开篇讲道："陈伯玉感遇之作，复见建安、正始之风，张子寿继起，涂轨益辟。"

李白（701—762 年），传世的一千一百首诗中有《古风》五十九首"与陈子昂感遇之作，笔力相上下"①，也属《咏怀诗》类。如《古风》其九取用阮诗其六"昔闻东陵瓜"的典故，申扬老庄玄思："庄周梦蝴蝶，蝴蝶为庄周；一体更变易，万事良悠悠。乃知蓬莱水，复作清浅流，青门种瓜人，旧日东陵侯，富贵固如此，营营复何求？"《古风》其二十三："人生鸟过目，胡乃自结束。景公一何愚，牛山泪相续。"与阮诗其三十二意思相同："人生若尘露，天道竟悠悠。齐景升丘山，涕泗纷交流。"《古风》其五十八："神女去已久，襄王安在哉？荒淫竟沦没，樵牧徒悲哀。"是阮籍《咏怀诗》其三十一的摹仿："箫管有遗音，梁王安在哉？军败华阳下，身竟为土灰。"《古风》其五十九："恻恻泣路歧，哀哀悲染丝。路歧有南北，素丝易变移。"可以说是对阮籍《咏怀诗》其二十的改写："杨朱泣歧路，墨子悲染丝。揖让长离别，飘飖难与期。"此外，李白《古风》诗中运用的诸多词藻皆直接取于阮

---

① 高步瀛《唐宋诗举要》，世界出版社，第25页。

152

籍的《咏怀诗》。至于其精神意旨的继承，前人多有高论，试列一二："太白古风，其篇富于子昂之《感遇》，俭于嗣宗之《咏怀》，其抒发性灵，寄托规讽，实相源流也。"①"太白诗纵横驰骋，独《古风》二卷，不矜才，下使气，原本阮公，风格俊上。"②"太白妙处全在逸气横出，其五言古诗从曹、阮二家变出，并不规抚小谢（谢灵运385—433年），亦非踵武伯玉（陈子昂）"③。阮诗的文学影响于李白《古风》诗中可见其深远、至大。

---

① 胡震亨语，见王琦注《李太白全集》卷二。
② 沈德潜《说诗晬语》。
③ 李沂《秋星阁诗话》。

第十章　阮籍对后世的影响及其历史地位

第一节　阮籍之后的玄风

阮籍在正始年间曾抱着极大的学术热情参与玄学各种问题的讨论。高平陵之变，正始玄音消逝了，"玄理派诸人大都被才性名理派联合世族固守孔孟礼法的'名教势力'杀戮迫害。稍远于政治漩涡的玄理派名士，虽为避祸而旷游于竹林，但因身世、性格、气质、政治倾向不同最终走出竹林，竹林之风竟各显异质"①。阮籍、嵇康承何晏、王弼玄理派之余绪，鉴于世事之险恶，把庄子思想提于老子之前，公开宣称"非汤武而薄周孔"，"越名教而任自然"，并以异乎常礼的怪异行为表达对司马氏以"名教"杀戮名士的不满。阮籍注重庄子之说，以玄理为全身之掩护，形成与才性名理、玄理不同的一派，依其特殊的行为旨趣可称之为"放达派"。刘伶（生卒不详）、阮咸（生卒不详）可算此派中人。嵇康刚强，嫉恶如仇，尚侠任气，对司马氏的"名教"

---

① 辛旗《中国历代思想史·魏晋南北朝隋唐卷》，文津出版社，1993年版，第45页。

更是在言行上不屑一顾，他与阮籍素有交游，甚至被一些学者认为俩人有同性恋的倾向①。刘义庆（402—444 年）所编撰的《世说新语》卷十九《贤媛》有一段涉及嵇康、阮籍与山涛关系的文字：

> 山公与嵇、阮一面，契若金兰。山妻韩氏，觉公与二人异于常交，问公。公曰：我当年可以为友者，唯此二人耳！妻曰：负羁之妻亦亲观狐、赵，意欲窥之，可乎？他日，二人来，妻劝公止之宿，具酒肉。夜穿墉以视之，达旦忘反。公入曰：二人何如？妻曰：君才殊不如，正当以识度相友耳。公曰：伊辈亦常以我度为胜。

嵇康谈老庄玄论之外，兼论名理，与才性名理派中附依司马氏的钟会发生直接冲突，"钟士季（会）精有才理，先不识嵇康。钟要于时贤俊之上俱往寻康。康方大树下锻，向子期（秀）为佐鼓排，康扬槌不辍，傍若无人，移时不受一言。钟起去，康曰：'何所闻而来，何所见而去？'钟曰：'闻所闻而来，见所见而去。'"② 山涛（205—283 年）、向秀（227—272 年）、王戎（234—305 年），早年均为崇尚自然之风的名士，后因政治形势之剧变，慑于司马氏的威逼利诱，到"名教"之"乐地"去"任自然"了。山涛于竹林隐身之际已有待价而沽的意思，还曾讥讽妻子将来能否配当三公夫人③。向秀深谙"内圣外王之道"，注《庄子》实为晋身之阶，他后来讲"儒道为一"④，是劝司马氏政权容忍名士以巩固地位的一种策略。王戎少年时聪颖异常，极为阮籍欣赏，友之忘年，后因其家族有人是司马氏政权的功臣，连带走出竹

---

① 高罗佩《中国古代的性与社会》，风云时代出版社，1994 年版，第 128 页。
② 《世说新语·简傲》。
③ 《晋书·山涛传》。
④ 谢灵运《辨宗论》。

林隐地而入仕途。他在儒、道问题上左右逢源，把"才性名理派"的辩才全部用在如何表现现世韬晦上。阮籍在世之际，竹林玄风即见分野，唯一未变的仍是各自寻找出路时仍然坚持着他们竹林之游时的行为放达。

阮籍死后，司马建晋，大多数玄学后继者已完全丧失了前期玄学（太和之辩、正始之音、竹林之风）诸人为探究事理或匡扶社会公义的责任感。一味地为"玄"而玄，为"放"而放，追求一种显世浮名的象征意向。西晋元康年间，玄学主流竟形成理论上玄虚（如《庄子》郭象注、《列子》张湛注），实践上放浪。如山简（253—312年）、阮瞻（生卒不详）、阮修（生卒不详）、王澄（生卒不详）、谢鲲（？—412年）、胡毋辅（生卒不详）等人，他们将《庄子》的理论与系统化的方术杂混在一起，用生死气化、梦觉等情、任而不养做为其肆情纵欲、放浪不羁的理论依据。王隐《晋书》中载："魏末，阮籍嗜酒荒放，露头散发，裸袒箕踞。其后，贵游子弟阮瞻、王澄、谢鲲、胡毋辅之徒皆祖述于籍，谓得大道之本。故去巾帻，露丑恶，同禽兽。甚者名之为通，次者名之为达。"[①] 东晋戴逵曾著论讥讽他们为"竹林之放有疾而为颦者也；元康之放，无德而折巾者也"[②]。在朝为官者也将玄理与名理融合，清谈浮诞竟成为擢居高官的必要条件。这种在朝浮诞、在野放浪相互唱和，虽有裴𫜗著《崇有论》力挽颓势，终不敌吏治普遍荒废，不久"八王之乱"起，西晋的国家体制崩解，被群起的周边少数民族灭掉。

东晋于江南建朝后，放浪之风稍见收敛。东晋玄学本该因西晋灭亡殷鉴不远而渐次衰落，然而随五胡铁骑，佛教自西域源源流至中原，"佛理之传播无形中为玄学清谈注入新的兴奋剂"[③]。于是，玄学又平添了与佛学相互唱和，标新立异的风格，慧解名理，行为飘逸为一时之尚，实可称之为"东晋之

---

① 《世说新语·德行》注引王隐《晋书》。
② 《晋书》卷九十四，《戴逵传》。
③ 辛旗《中国历史思想史·魏晋南北朝隋唐卷》，文津出版社，1993年版，第48页。

逸"。晋简文帝实际主政的二十余年（345—372 年）是东晋玄学极盛的时期。玄学名士真可谓义理、名理、玄理交融，儒、释、道三家杂陈。前有殷浩（？—356 年）、王濛（生卒不详）、孙盛（约306—378 年）、支遁（314—366 年）诸人；后有韩伯（332—380 年）、许询（生卒不详）、殷仲堪（？—399 年）之辈。他们在简文帝的倡导下，展开了持续二十年的玄学大讨论。早在简文帝为会稽王时，孙盛与殷浩同论"易象妙于见形"，王濛、谢尚（生卒不详）也来参与。孙盛擅长名理，曾著《老聃非大贤论》、《老子疑问反讯》二文，他辩术强劲，无人能敌，会稽王派人请来刘惔（生卒不详）以二百语便驳倒了孙盛。不久，殷浩与僧人支遁论才性，竟使支遁不知不觉进入玄理无法自拔。后来支遁于学佛理之外，研究《庄子》，对其中《逍遥游》一篇标新立异，用佛义来解释，称《逍遥》之境界非玄学所能达到，只有深刻体验佛理之"空观"方能实现。

支遁所发出的奇响，使玄学诸人发现佛理的抽象思辨不亚于玄理，遂开始注意佛经，兼谈佛理。其后，如许询、韩伯等玄学名士，深感佛学有立教传经之优势，玄学渐不匹敌，于是也希望玄学抽象化、系统化、概念化，并试图为玄学立经，如作成《黑尘尾铭》、《白尘尾铭》，称《老子》为《道德经》等。这些举措有立教之意，可以说为后世中土道教的真正确立开启了理论先河。佛教迅速传入中土，佛学理论全面地翻译并借助玄学的概念是对玄学致命的打击，后起的"格义之学"[1]（指用中国传统的哲学概念和玄学、名理学术语，解释和翻译佛经）及"六家七宗"[2]之说完全涵盖了玄学中的主要意旨，玄学的根基——老庄之说也成了佛学的注脚。佛学一个"空"的概

---

[1] 辛旗《中国历代思想史·魏晋南北朝隋唐卷》第四章，《魏晋佛学》，文津出版社，1994 年版，第 147 页。

[2] 辛旗《中国历代思想史·魏晋南北朝隋唐卷》第四章，《魏晋佛学》，文津出版社，1994 年版，第 147 页。

念，使老庄"无"、"玄"、"神"等概念黯然失色。东晋以降，玄学再也不复昔日显学的风范，逐渐地衰落下去。

第二节 历代对阮籍的评价

后世对阮籍的评价主要是把他看作一个文学家，而非思想家，直到近代重视魏晋玄学在思想史上的意义，才逐渐有人开始研究阮籍和竹林名士那些情感化的行为背后的寓意，以及那些文学作品中蕴含的哲学思想。长期以来，阮籍的文论、诗赋都被作为文学作品来看待，明代张溥曾在《汉魏六朝百三家集题辞注》中讲到阮籍的《乐论》胜过司马迁的《乐论》，但这点超出文学的评析也未深入到抽象的哲学层面。阮籍的思想大体是通过他的一小部分文论和很大部分的文赋诗歌等文学作品对后世产生影响的。

历代关于阮籍的文学成就和特殊地位评价的不少，但能直指其本质的，当首推南朝梁时的钟嵘。他在《诗品》中对阮籍的诗评价道：

> 可以陶性灵，发幽思。言在耳目之内，情寄八荒之表。洋洋乎会于风雅，使人忘其鄙近，自致远大，颇多感慨之词。厥旨渊放，归趣难求。

明代开始对阮籍的文学作品和思想全面地评价，而在此之前留下来的大都是支言片语。张溥对阮籍思想方面的评价很有见地："嗣宗论《乐》，史迁不如。《通易》、《达庄》，则王弼、郭象二注皆其环内也。"① 明代出版的阮籍集各种版本都有一些名家的序跋，于中可见对阮籍的评价。如明天启年靳于中（生卒不详）叙曰：

---

① 张溥《汉魏六朝百三家集题辞注》。

……余尝横览古今，评先生其逍遥似蒙叟，其韬晦似子房，其诙达似方朔，其真率似渊明，而生平出处心迹尤肖楚灵均。唯是灵均愤世之皆醉己独醒，先生愤世之不醒己独醉。醒者愁愁，故以上官为怪鸟而湛鱼腹，醉者忘忘，故以司马为海鸥而遂鸿冥，要其忧君为国之心则一尔。且灵均以忧思发之《离骚》，先生以天籁鸣之诗赋，其嶭然并揭日月而行也，又奚以异！故至人至文诚非耳食者所解也。

明天启年尉氏县令及朴叙曰：

……古今人知嗣宗酒十九，知嗣宗诗十三，俗翁孺喜传酒，非学士辈不传诗也，乃未有深知其文者。……再三讽味，然后知其论《易》深《易》，论《庄》深《庄》，论《乐》深《乐》，至赋禀于《骚》，诗又《骚》之余尔。……礼法士不希尝而佐乎。惟胸有《老》、《易》、《庄》、《骚》而后能浇以酒，并使人意消。综博之用而概之乎茗芋无能为，始轩然曰：大人先生不必穴居苏门山矣，然犹不废论著，岂虑终蒙酒人之目，而留微言待玄赏邪？故达不足尽嗣宗。

张燮为《阮籍集》作序道：

阮嗣宗疏狂绝俗，而颜延年目之曰：识密鉴亦洞。此深知嗣宗者。《大人先生传》陋虱裈中，是其有托以自放焉，未便本趣所都也。爰土风而赋东平，不过求出户限外耳。《咏怀》八十二章，拉首阳，拍湘累，悲繁华，怜夭折，深心辘轳而故作求价语杂之，盖身不能维世，故逃为惊世。广武之叹，苏门之啸，穷途之恸，综忧乐而横歌哭，夫亦大不得已者乎！论《易》论《乐》，个中自有爻象，全具音容，初何至与儒林作鲠；独见夫礼法之士都以劝进为忠，禅让为礼，攀鳞附翼为智，即何曾、王休征之属莫不皆然，故迫而达庄通老，曰：礼非我设也。晋世效颦。无端作达，以为远希嵇、阮；彼守其骊黄，遗其骏逸，是恶知天马哉！

现代研究魏晋思想史的一代宗师汤用彤先生这样说：

三国以来的学者，在"名教"与"自然"之辨的前提下，虽然一致推崇"自然"，但是对于"名教"的态度并不完全相同。我们此刻不妨把一派称作"温和派"，另一派名为"激烈派"。……后派则彻底反对"名教"，思想比较显着浪漫的色彩，完全表现一种《庄子》学的精神，其立言行事像阮籍、嵇康等人可为好例①。

魏晋南北朝史家王仲荦先生评价道：

嵇康和阮籍，他们在口头上表示了对于名教的反抗。他们反对一切人为的束缚，认为不合自然。他们所追求的乃是庄子的逍遥；他们要抉破礼法，非尧、舜，薄周、孔；这一种精神在破坏名教方面起了一些作用②。

国学大师钱穆先生道：

---

① 《汤用彤学术论文集》，中华书局，1983 年版，第 301 页。
② 王仲荦《魏晋南北朝史》下册，上海人民出版社，1980 年版，第 764 页。

正式主张老庄者，为王弼、何晏。然何晏尚务实干，（王弼则早死）。以老庄为玄虚者，乃阮籍嵇康。然阮嵇皆别具苦心。此下则又自玄虚转成放诞矣。……阮籍浮沉仕宦而持身至慎，出言玄远，绝不臧否人物。……他们不愿为黑暗政权有所尽力，然他们自身亦多半是门第世族中人，依然不能脱身世外。以市朝显达而讲庄老。其势不得不变为虚无、为浮沉、为不负责任。最先只是自谨慎，保全门第，而以后不免于为汰侈骄逸（如何曾、石崇、王恺之徒皆是)①。

学术泰斗胡适先生说：

魏晋的王弼、何晏、阮籍、嵇康、向秀、刘伶等人都崇尚老庄，遂开史家所谓"清谈"时代。他们全盘接受了道家思想，论宇宙则主张自然，崇拜虚无；谈政治则主张放任，反对干涉；论人生则主张适性自由，旷达恣意。阮籍说："礼岂为我设耶？"这正是那颓废的人生观的意义。他们纵酒狂放，打破一切礼法制度的束缚，其实只是对政治社会的一种抗议。阮籍说："君子之处域内，何异夫虱之处裈中乎？"这话裹含多少哀音？他们对那现实的社会没有勇气革命，只想在精神上得一种安慰，所以他们的下梢都想逃出世外去过那神仙的生活。旷达的人生观和神仙出世的理想是同一条路的。清谈的风气是佛教思想的绝好预备。从虚无到空假，从神仙到罗汉菩萨，那是很容易过渡的了②。

笔者的恩师，胡适先生的高足、中国思想史家容肇祖（1897—1994 年）

---

① 钱穆《国史大纲》上册，商务印书馆，1977 年版，第169—170 页。
② 胡适《中国中古思想小史》，见《胡适学术文集·中国哲学史》上册，中华书局。1991 年版，第489—490 页。

先生曾著《魏晋的自然主义》，其中视玄学诸人，特别是阮籍为道家复兴的中坚，其行为、著述都将道家的自然主义推向一个新的发展阶段①。

中国哲学史家张岱年先生说：

> 至魏晋时，道家的思想遂整个复兴起来。当时称为玄学，其倡导者是何晏（字平叔）、王弼（字辅嗣）。……何王同时又有阮籍（字嗣宗）、嵇康（字叔夜）等，提倡自然，菲薄礼教，在行动上放荡不羁，善作惊人的隽语，其实他们的理论造就并不甚深②。

中国思想史家韦政通先生说：

> 严格说，阮籍对礼法的态度，已不能算是批判，实表现了一次最彻底的反抗。他的反抗比先秦的老庄、韩非更剧烈，因老庄韩非的反抗，大体上还只是停在观念的层次，阮籍是从观念到生活，从里到外，无一不与礼法相冲突。……这样一个充满放荡风气的时代，最重要的代表人物是阮籍。从文字表面上，阮籍的作品，似只表现了反抗的激情。但如能把握他生活的全面，则又知他的反抗，正可以驱迫我们正视生命领域。更重要的是，可以迫使我们弄清传统儒家最根本的一点不足③。

中国哲学史学家任继愈先生说：

> 阮籍反对虚伪的"名教"而崇尚"自然"，他以嗜酒放诞的行为掩

---

① 容肇祖《魏晋的自然主义》，开明书店，1933年版。
② 张岱年《中国哲学大纲》，中国社会科学出版社，1982年版，第19页。
③ 韦政通《阮籍的时代和他的思想》，见《中国哲学思想批判》，水牛出版社，1988年版。

饰他的政治倾向，他的思想也反映了某些进步的寒门庶族地主阶级的政治要求。①

中国哲学史学者丁冠之教授说：

　　阮籍的一生和他的著作是魏晋之际社会政治和社会思潮的一面镜子。他从志尚诗书信奉儒学一变而主张儒道结合，再变而主张废弃礼法，反对名教，都和他的时代息息相关。这是阮籍思想的一个重要特点②。

第三节　阮籍的历史地位

　　阮籍的思想在抽象思辨方面的确稍逊色于同时代的何晏、王弼（得力于王氏家族对荆州学派研究成果的垄断，本书第四章专有论及），也不如嵇康那样敏锐和犀利。但是，阮籍把老子的理论、庄子的学说和理想"尽自己的力量在观念和实践的层面上加以阐扬，他把以前玄学的主题诸如圣人的人格如何，通过庄子学说转移到个人人格上，增加丰富的涵义和内容，使玄学打上深刻的、那个特定时代的烙印——玄远、飘逸、放达、超脱的背后蕴含的是痛苦、悲凉、伤感和期待"③。阮籍的自然观是调和儒道两家的，而且吸收了庄子的相对主义观点，这样他才能把人放入万物的有机体系之中，塑造与自然法则相类似的完善的人格理想。毋庸置疑，阮籍有着激烈反"名教"的理论和行为。然而，他只把"礼法"视为儒家经世致用时生出的末流，对儒学

---

① 任继愈主编《中国哲学史》第二册，人民出版社，1979年版，第189页。
② 丁冠之《阮籍》，见方立天、丁首奎编《中国古代著名哲学家评传》续编二，魏晋南北朝部分，齐鲁书社，1982年版，第130页。
③ 辛旗《中国历代思想史·魏晋南北朝隋唐卷》，文津出版社，1993年版，第60页。

之根本——仁爱精神仍心向往之，且对尊卑的社会等级秩序之说持肯定的态度，这反映出阮籍追求在现实社会建立儒道互补之政治制度的一种理想，"在上而凑乎下，处卑而不犯乎贵"，"明者不以智胜，暗者不以愚败，弱者不以迫畏，强者不以力尽"。阮籍是想借助于道家自然无为之说而在社会中实践儒家的仁恕之说。"无为"即现世间人与人不相害，不相害恰好就是"仁爱"，"不害于物而形以生，物无所毁而神以清，形神在我而道德成，忠信不离而上下平"①。阮籍在激烈地反"名教"的同时，认真地在理论上弥合儒道差异实属难得，这在玄学中也是超过了王弼仅在本体论和政治观做些抽象的通论。

阮籍在中国思想史发展过程中正经历了摆脱经学束缚，突破阴阳谶纬儒学迷雾，复兴道家自然主义，提倡诸子学说的第二次思想大解放的时期。也是时世混乱、政局动荡、生命意识高扬的时代。他在正始玄学因政争而几近断流之际，依时代环境和个人性格和天赋，以变通的方式将那好不容易从汉代经学中解放出来的思想主脉得以继续下去，为后世道家思想与道教的结合；与儒学的结合（初、中唐一批思想家具体做了实践②）；与佛学的结合；与个人修养及人生观、生命意识的结合，用个人特异的行为言论起到了过渡时期的中介及黏合作用。阮籍将儒家的仁爱精神与庄子的"自然无为"、"万物一体"理念结合，以"混一"为根本，"自然"为关键，视社会的"仁爱"即"自然"的体现。他抨击"礼法"，希冀打破枷锁，达成个性人格自由；他珍惜生命，崇尚庄周，追求绝对的精神自由。他用理论、感情宣泄的诗歌文赋和自身行为之实践，把何晏、王弼抽象玄思的理论化玄学，变为一种个人情感体验的具体的玄学，可以看得见、摸得着、学得来的人生态度。阮籍的思想实可称之为：是个体冀求把握无限，冀求心灵与宇宙交融的美的哲学。之

---

① 阮籍《达庄论》。
② 辛旗《中国历代思想史·魏晋南北朝隋唐卷》第十三章，《儒家复兴运动中的思想家》。

所以在有如此痛苦生活历练之人的思想上冠以"美"这个字眼,实因为阮籍的思想是以《庄子》自然主义为本位的,他不同于何晏、王弼用《老子》的"无"这抽象概念做理论基石。他以人性为尺度,衡量自然、礼法究竟哪一个对人的生命、人性更有益处,他用饱蘸情感的笔墨描绘出一幅自然恬淡的图景,让人们与现世的黑暗、险恶、压抑感相对照,用"美"的自然与人性去衬托对人性压制之"名教"的丑恶。

阮籍思想的历史地位是与玄学历史意义密不可分的。玄学作为新道家因内在逻辑决定,与皇权保持着距离,故终始未取代经学、儒家学说实际的官方意识形态的地位。玄学中人在阮籍所处时代罕有身全者,他们不是涉足毫无理论意义的权争之中,就是因为与统治者的理论冲突招致横祸。所以说,在精神境界营造抽象思辨的避隐山林,对他们安身立命是何等的重要。玄学也正是因为未身列庙堂,为其理论的自由发展提供了广阔的天地。在玄学自身中,没有任何的绝对真理,玄理的逻辑力量才是权威,如果仔细玩味魏晋间玄学的清谈、争议(《世说新语》记载得至为生动),你就会发现:在玄理面前人人平等,不论世族寒门,不分长幼尊卑,甚至不顾及政治派别,只要一进入玄学讨论,即刻有一种学术自由的氛围。当然,争论之后若把观点之异带入政治权利之争,还是有生命之虞的。魏晋玄学当中有很大的生命意识觉醒的成分,所以不仅表现为理性思辨,还极具感情的色彩,阮籍的文赋诗歌可以说最能说明这一特征,这实际上是在把握人生、宇宙真谛之后,以丰富的言语汪洋恣肆地铺陈内心的自然情怀。

阮籍与其他同时代思想家共同开创的魏晋玄学对后世学术发展的影响是深远的,它为佛教传播,佛学的中国化奠定基础,是直接的作用。其更有意义的是,为宋明理学奠定了坚实的理论根基,它使董仲舒渗入儒学之中的阴阳五行谶纬迷信,通过儒道融合而剥离开来,使唐末儒学复兴不仅借助道家,亦通过玄学借助了佛学,使理论思辨达到了新的高度,赋予儒学这一中国传统文化主脉以新的活力和生机。综观阮籍时代玄学的发展脉络及其后承者的作为，似可给玄学在中国思想史发展过程中一个确切的定位；承上者，以道家、诸子学剔除儒学中阴阳灾异谶纬迷信的成分；启下者，以新道家自然主义的精神，先秦名理的方法论促发后世思辨儒学（唐代新儒家）的兴起。

阮籍在思想史上能够稳稳地占据一席之地的突出贡献就在于：他在人格、人性之中加入与自然合一的大生命意识；把道家的"自然无为"之说与儒家的"仁恕"之说在"人性向善"的基础上结合起来。

第十一章　阮籍思想对现代的启迪

第一节　阮籍一生所揭示的千古不变的问题

阮籍处在汉代经学崩解，知识阶层主体意识觉醒，新思想（道家自然主义、先秦名理思想、诸子学说）勃兴，却又逢政争激烈，生死无常，新的意识形态未得确立的大动荡时代。两汉数百年支配人们行为，决定伦理、政治准则、价值体系的天人感应神学在汉末随着天下大乱消亡。战乱频仍的时代，人的命运在一系列偶然性编织的必然罗网中那么的飘忽不定，"福"、"祸"、"利"、"义"都失去了以往的规则。这种状况逼迫那个时代的思想家不得不去考虑"人生命的意义"。

汉末的象数易学实际上已经开始把探索的重心放在人生命运上，力求以一整套的易学"函数式"① 的推演方法，测算人们自身道德行为的好恶对召致宇宙外力感应，施之于社会的程度与表现，以此来劝说君王与百姓要遵道

---

① 辛旗《中国历代思想史·魏晋南北朝隋唐卷》，文津出版社，1993 年版，第 2 页。

德行事，不断依天意调整处事的方式方法，并说明人们之间命运的差异性。然而，这种方法不断地被破除迷信宿命论的学者，如王充、王符、仲长统所摒弃、批判。汉末政治也愈来愈重视个人主观条件与社会客观环境所结合形成的与"天人感应"无关的"命理"。人的主体意识开始自觉起来，生命意识走向觉醒。与汉末清议运动相伴生的人物才性品评运动，为汉代经学崩解之后魏晋玄学全面地由"天"转向"人"的主题做了铺垫。品评人物所运用的先秦思辨的名理方法，使当时在确定了理性的命运观的同时，发现了"人必须处理与社会、自然的关系"这一重大的理论问题。

这是一个多么重大的问题呀！现代的人们或许无法体会，可以想象那个时代联系人们心理、生活方式、人际关系的共同价值体系破碎了，天灾人祸随时会把死神带到每个人的身上，无论他处在哪一社会阶层。在死亡的氛围统领数十年后，三国时期，对知识阶层冲击最大的就是精神上的恐惧与困惑。个体行为失去了依据，精神支柱坍塌，个体与他人、个体与社会因缺乏传统的正常联系而疏离。一种深感人生无常、个人渺小、孤独的生命恐惧笼罩人的心灵。所以说，到了魏晋，人们的思想业已陷入极大的混乱（亦是极大的解放、无拘无束）和痛苦（无休止的政争和杀戮）之中。通读一下魏晋的史书、杂记，到处表现出士人的迷惘、困惑、烦闷、焦虑，各类反社会、反传统、反道德的行为比比皆是。鲁迅先生所说的"魏晋风度"，那在服药、饮酒、言玄行逸的背后，是士大夫在权威思想的崩溃与重建过程中的精神上的迷惘与困惑的外在表现①。主体意识是这样觉醒的，不是轻轻松松地获得，而是在生命的恐惧中，在与社会疏离、与自然隔阂时产生被遗弃、孤独的感受中惊醒的！惊醒的"生命意识"、"主体意识"必须要面对这一问题：生命意

①　马良怀《崩溃与重建中的困惑——魏晋风度研究》，中国社会科学出版社，1993 年版，第 24 页。

识觉醒了的个人如何与社会、自然相处。

如果说正始年间玄学诸人何晏、王弼仅只从理论上去探索这个问题的答案，那么，到阮籍则是全身心地用个人生活实践和理论去解答，为此他付出的不仅是内心的苦痛，还有他的生命。他的朋友嵇康也做了相类似的探索，他无视政治社会压力，用意志力量去检验完全与自然融合的人是怎样地面对社会，结果他被轻而易举杀掉了，一死了之，他的痛苦比起阮籍要相形见绌。阮籍所突显的是主体的自主选择"越名教而任自然"，为防止被名教杀戮，觉醒的个体与社会冲突不得不妥协，但秉持"自然"之旨的主体又必须展现从属于"自然"的特性。于是乎，个体精神只有采取在社会现实中超越社会现实的方式，将意志力量与自由具体化于放浪不羁的行为与情感之中，不受名教的约束。这就不难理解阮籍纵酒无度、歌哭无端与诸多的怪异言行，也不难理解智谋过人的司马昭为何不杀他，反认为他是在朝的"方外之人"。所以说，嵇康反礼教是以"力"抗"命"，"力"是他带有政治倾向的意志力，"命"是人与自然社会发生关系时表现出来的趋势（通过偶然性事件表现必然结局）。而阮籍反礼教是以"情"抗"命"，"情"是带有理想人格和哲理色彩的感情。阮籍的思想若用现代哲理来解读，实际上是传统道德、学说培养出来的社会责任，却无法在现实社会中得以实现，于是产生焦虑、孤独，转化成为对社会政治道德伦理的反抗和对超越现实之精神境界的追求。

阮籍毕生所要解答的问题：个体逍遥的理想与社会、自然必然性的制约如何协调？实质上就是千古不变、各历史时代表现不同的问题——人、社会、自然究竟处于怎样的关系！若从人为主体的意义上讲，这一问题在现代哲学意义上就是一句话：人为什么活着？

人为什么活着？需要每个人自己去寻找、发现，去选择、决定，去由各自的"自由意志"独立地做自己的判断和决定，而非被现实世界表现出来的现象间的因果规律来束缚左右。但是，人又非完全独立的生命，他活在世间

（自然的和社会的），他是具有社会属性和自然属性的，宋儒所谓"道心"、"人心"，前者是指社会性，后者是指自然性，要协调，所以要"惟精惟一，允执厥中"。否则顺其自然的话，"道心惟微"，难以开启、发蒙；"人心惟危"极易堕落、沉沦。个人是几乎无法处理与自然的关系的，人与自然的关系实际上是社会的人（或人之社会群体）与自然的关系。人首先面对的是如何处理与社会的关系，换言之，在社会中如何规范人与人之间的行为，这便涉及到道德问题。德国哲学家康德在《实践理性批判》一书中说："必须使你的行为具有普遍性，那才是道德的。"然而一旦社会行为的普遍性具有了非善的性质，将如何认定其道德属性。在阮籍那个时代，名教是规定了的社会行为的普遍性，但其早已被政治扭曲，阮籍反名教的行为看似不与社会行为的普遍性相一致的，但是他对已经难以充任社会行为普遍性之名教的反动，恰恰在用极端的方式昭示：对人社会性的扭曲等于扼杀人的自然性，是违背道德和不具普遍性的。

任何人都生活在既有的历史文化背景和特有的社会现实背景之中。人活着总有个判定善恶的标准——道德理性（康德称之为"实践理性"），它的价值之源是什么，汉代经学归之为"天"的秩序，魏晋玄学归为"名教"与"自然"的合一。今天哲学把它归为符合人类总体的生存延续发展。宗教归结为"神"（上帝）。其实价值之源就是人之所以成为社会性的人的那些世代相传的传统，每种文化都有传统，都是其"道德理性"的价值之源。人在成长过程中受文化培养、社会熏习、家庭抚育，每个人内心中都有一套与其所处社会普遍性相类似的道德标准，它们是不用解释的，是绝对的道德，是历史文化在民族心理中的积淀。但它们往往是理想，是文化的幻影，是天真，是内心警告。因为作为社会的人，每一个个体，又有着自身的"道德情感"，他可以违背"道德理性"去谋求个人的幸福和私欲，因为"道德理性"往往注重社会整体利益因而处处与个人的快乐相抵触、冲突，有时甚至以牺牲个人

170

的"道德情感"来显示它的至高无上（如"废孝尽忠"、"大义灭亲"、"成仁取义"等行为）。"道德情感"是个体在社会中经历生命进程所展现的与自然、社会关系的准则，其中当然有"道德理性"的因素，但其主要取决于一个人的受教育程度、修养、意志力以及对"道德理性"的自觉认知程度。

第二节　阮籍精神苦痛的哲学涵义

阮籍的"道德情感"表面上看是在摒弃"道德理性"，只图自己的快乐，比如他说"礼岂为我辈而设"，言行处处有违当时代表社会普遍性的礼教。但事实上，阮籍内心中已经认为"名教"已经不再是代表社会行为普遍的、善的东西，而是一部分人把政治利益加杂"道德情感"调制成的，是维护自身幸福害了人们自然本质的虚伪礼法。所以，阮籍就用自己特殊的"道德情感"的表现形式去反礼教，他自认为自己的"自由意志"实际上体现了"道德的先验形式"，是先圣先贤传授给他的"道德理性"。但是，阮籍不愿与强大的政治社会相对抗，他不愿像其他玄学名士那样轻易失去宝贵的生命，于是便与自身的快乐、群体日常经验的普遍性在自身的反映相对抗、冲突。用乖异的行为充当逃避政治杀戮的护身符，来曲折地表达"道德理性"的自觉，所以阮籍在诗中写道：

> 一日复一夕，一夕复一朝。颜色改平常，精神自损消。胸中怀汤火，变化故相招。万事无穷极，知谋苦不饶。但恐须臾间，魂气随风飘。终身履薄冰，谁知我心焦。

历史是具体的，"道德理性"在历史进程中必然与特定的时代、思想、人群集体相关联。因此，它的普遍性也就必然以某种形式性的社会道德规范的建构表现出来。比如魏晋时代被规定为"名教"，其内容来源于具体时代背景、民族、阶级的利益与经验，因而是可变的、相对的，往往在"道德理性"的形式下加杂着许多特定的"道德情感"的内容，成为一种"社会性的道德"。阮籍所反对的正是这种违背了"道德理性"又打着"道德理性"旗号的"社会道德"。

"道德理性"和"社会性道德"是不同的，前者是人自己选择的终极关怀和安身立命之人生准则，是个体追求的最高价值，自认为是在执行自然与人类总体的向善意志。后者则是某一社会群体（如民族、国家、集团、党派）的规范行为、区割利益的要求，个体被要求要服从并履行责任。"道德理性"是绝对的，但个人执行起来都是相对的，受"道德情感"的干扰。"社会性道德"是相对的、可变的，但执行起来是绝对的，它有一系列规则的形式。当然，两者也有共同点，如都对行为加以规范，用理性制约感性。在内化成个体的自觉要求时，又都表现出"良心"、"良知良能"的心理主动形式。

中国古代文化传统由于宗教不发达，人文精神早熟（周代以血缘宗法观念完成），故"道德理性"的先验性并未脱离现实世界而指向"神域"（外在的精神力量或人格神），而是贯穿于现世的现象世界，所以常常与"社会性道德"混合一起，中国传统的道德往往是政治、伦理、鬼神观念融汇在一体的。"社会性道德"所遵循的"本体"——"道德理性"就存在于"社会性道德"自身之中。这种"体用一体"的道德观，使许多古代思想家无法解决道德理性之源的疑虑，陷入极大的精神痛苦中。阮籍道德观念的矛盾就在于：在没有宗教外在世界依托的情形下，欲寻求先验理性，而"自然"的概念又无法解决道德的价值源头问题，同时"名教"中既有的"道德理性"成分又幻化为理想的道德，所以阮籍只有反礼教中那些违背"道德理性"的内容，来表现对先验理性（道德理性）在经验方面的追求与回归这一途了。但是一踏上这条路阮籍又发现，他所用来反"名教"的东西，不过是人的自然属性罢了，并非绝对的"道德理性"，于是对内心"道德理性"违背之后的歉疚感油然而升，并不断增强，这种痛苦是难以言表的，但从他许多自残式的行为中完全可以看出端倪。阮籍甚至会感到他自己就是一个道德理性、道德情感和社会道德的混合物，"善"的意念使他感到有责任反抗"恶"，可是反抗"恶"所用的"道德情感"中也有"恶"的成分（夸大了的人的自然本性），以"自然"反"名教"，"自然"也伤及了"道德理性"，阮籍就这样陷入了吊诡。阮籍用行动否定了儒家礼教文化中的一切价值，却让子女去遵奉、去肯定；阮籍视归隐和不受"社会性道德"支配为人生理想的境界，却劝儿子去从政为官；阮籍嫉恶如仇，恨透蔑视那些礼法之士，却又摆脱不了让他绝望的险恶政治环境，自己也毫无选择地成为司马氏政权的装饰品。阮籍的一生就是个矛盾：社会环境与他思想的矛盾；他人格的内在矛盾（嫉恶如仇又不愿拼死抗争）；内心精神世界的矛盾。这些矛盾所决定他一生遭际中的各类冲突，无不带来极大的痛苦。大彻才能大悟，所以他的哲学与文学作品，他的思想无不透露出对人的本质和生命意义的反思。

第三节　阮籍思想的现代启示

"千古艰难惟一死"，阮籍在那样的年代，承受那般的精神苦痛，但他还要活着，在活着当中表现自己的思想、意志。究竟是一种什么样的精神力量在支撑着他？这恐怕还要从中华古老的文化传统中去探索。

儒家、道家是中华文化中哲学系统的精髓，二者都将人作为主体，并把其与客观的关系（包括人生意义）建构在现世。而没有把"活着"的意义建构在不活、他世、上帝之上。在儒家看来，活的意义要在人生世事中去寻找，在与自然万物的亲近中去感受。儒家看到自然万物勃勃生机，就像人（无论个体或群体）生生不息，于是说"天地之大德曰生"，"生生之谓易"。"德"

指最圆满的本性，那么宇宙这种本性与"人活着"相通了，宇宙虽无意志，但她的本性、她的规律在人看来那么富于情感。"活着"就是"生生"，就是"大德"，就是"圆满"，为了这个"圆满"，无数阻碍她、伤害她的东西，不过是为了让"生生"（活着）更有意义。今人李泽厚先生称此为中国人的"乐感文化"和"实用理性"，他曾颇有感受地写道：

> 正因为"活"得如此艰苦凄怆，"活"本身便是件大好事。四大非空，有情更实，生命多么美好，自然如此美妙，天地何等仁慈！那么，又何必去追求寂无，舍弃生命，或颂扬苦痛，皈依上帝呢？就好好地活在世界上吧。只要不执着、不拘泥、不束缚于那些具体事件对象、烦忧中，那么，"四时佳兴与人同"、"日日均好日"，你为什么不可以由此"悟道"，进入这"本体"、这宇宙而"天人合一"呢？宇宙自然即是那有灵有情的上帝①。

儒家从宇宙"生生"之理认定人性本善，因为宇宙表现出的本性在人看来是无恶意的，人是"生生"中的一环，人是没有"原罪"的。所以说"天行健、君子自强不息"，看到宇宙都在生动活泼地运行（活着），人有什么理由不去为活着而拼搏呢？当然，"自强"具有即善而且活着的双重涵义，是"生命意识"与"向善意识"（道德价值自觉能力）②的合一，是中华文化伦理的"本体"。所以，儒家把"天地人"视为"域中三大"，具有同样的本性——生、健、强。人非是自然万物的附庸，而是"参天地，赞化育"，参与万物"生生"的过程，天地的存在甚至要在"人活着"的前提下才有实际意

---

① 李泽厚《为什么活：个人主体性》，《明报月刊》1994 年 9 月号。
② 辛旗《中国传统人生哲学的主旨》，《中国哲学史研究》1989 年第 1 期。

义，"天人合一"论便有了普遍性的价值，客观目的论和人格神在中国古代哲学中便没有地位了。

然而，历史毕竟是历史，现实社会在哪一个历史时期几乎给当时知识分子无一例外的印象是"世风日下"、"今不如昔"、"恶欲横流"、"道德沦丧"。现世的经验也往往是"好人无好报"，"福"、"德"很少统一，"富"、"仁"难以双全。中华文化也存在着"恶"的历史主义（如法家、道家）和"善"的伦理主义（如儒家）的理论冲突。这种理论分歧若体现在个体知识分子身上往往呈现"儒道互补"的生命轨迹，"进而兼济天下，退而独善其身"，也造成了多少仁人志士精神苦痛和生命辉煌（阮籍仅其中之一）。

道家看透了现世的恶象，因此，不重于本体实相、本质规定，它视一切都是可变的，故重认知流变、处理应付流变的方法。道家没有像儒家那样去建构"天人合一"的本体（"生生"的意志与秩序），再在社会中模仿自然、参照血缘关系，建构一套礼教（社会秩序）。道家所重的是宇宙万物人世的潜在可能性。"道"的本意是"道路"，引申意为四通八达的各种取向、趋向、面向。既然是潜在的可能性，所以"道"的本性就是不可捉摸、朦胧恍惚、无象无物。"运用之妙，存乎一心"。遵循"道家的准则"就在于保持那潜在可能性的无限，以高于、大于、优于任何现实性的有限，即万事万物，才能以"无为而无不为"，而保身全生，实现"活着"的根本目的。理解了这一点，就不难揭示出千百年来《老子》一书中暗藏的玄机。"道可道，非常道；名可名，非常名。无，名天地之始；有，名万物之母"，其真义该是：可以说出来的方法，不是潜在的可能性，就没有了应变的能力；为事物定性，就没有看到他变化。无限的潜在可能性是天地的最终根据；有限的现实实在性是事物存在的依据。换言之：无限的潜在可能性是宇宙之"源"；有限的客观现实性是万物之"本"。说到这里，让我们再回到阮籍的生平，他也观察到人世变迁中"恶"的成分，他深入研究过道家并大力弘扬避世的庄子学说，他对

175

"恶"是痛恨的，但他明白要运用方法，在"活着"的生命意识至上的前提下去反对"恶"。所以，"酒"对于阮籍是太重要的东西了，酒可以使人失去理性，无法做出正常的判断，酒也可以帮助人伪装失去理性、无法做出判断与决定。我们似可以说，"酒"在那个险恶的社会环境中，可以帮助阮籍运用道家的方法，保持潜在的可能性。酒的作用是使人这一主体的意识存在于非善非恶的中间状态，增加了他意识取向的潜在可能性。所以，当司马昭为儿子要娶阮籍女儿，向阮籍提出亲事时，他只好"醉六十日，不得言而止"，既不允诺，也不拒绝。而且阮籍在居丧礼、任官职中的反礼教行为也常借助于饮酒大醉来达成，甚至不得已为司马昭写劝进表，也是乘醉而作，让后人难以非难他。

道家是大智慧，是辩证法，是处理万事万物变化的方法论。它解开了任何事物、变化都具有两面性和多种可能性之谜，强调人在活着的过程中要时时处理好"变动"对人生的影响。道家体现了中华传统文化"实用理性"的智能层面，与儒家体现"实用理性"的情感层面互为补充，构成了"居善而奋进不已，识恶而应变不惊"的中国传统知识分子的文化心理结构及人生观。道家的方法毕竟重于历史、社会、人生的进程中的变动，它尚不能给予知识分子"生命意识"强烈地希望在社会功业中得以实现时，精神上要求有一不变的"本体"作为道德人生的心理支柱。而儒家"天地之大德曰生"、"天人合一"的宇宙观和"仁"的"道德理性"学说完全可以作为生命的终极根据①。

阮籍思想对今天最大启示应该是：人的"道德理性"、"道德情感"和"社会性道德"应当符合人类总体生存的要求。阮籍那个时代，礼教危及着人的自然本性，伤害人们"道德理性"。阮籍为了"道德理性"的回归，为了

---

① 辛旗《中国传统人生哲学的主旨》，《中国哲学史研究》1989 年第 1 期。

活着，而不得不采取反礼教，甚至全盘否定"社会性道德"的方式来张扬人的"道德情感"和"道德理性"。今天，人类要重建某种以"理"、"性"或"心"为本体的形而上学已相当困难。自然人性论和道德相对主义业已导致现代生活中物欲横流，人类几乎完全被感性所左右。尤其是人类对自然的破坏，过度索取，人类自相残杀，科学的工具化（可以用于毁灭人类），已使人类生存发展成了问题，现在不是"人为什么活着？"而是"人类究竟还能活多久"的问题，人类陷入了困境，无论在物质上抑或精神上，"能源在枯竭、宗教在萎缩、道德在沦丧、思想苍白无力、环境日趋匮薄、文化在不断失去灵性。人类征服自然的伟力达到极致，但人类也在丢掉自然曾慷慨赋予他们的人性"①。

人类应了解世界处于各种危机之中，危机与每个人都有利害关系。全世界要在采取协调行动的同时，加固"道德理性"和内在人格的哲学根柢。个人仍是构成当今社会的元素，个人的行为和价值观可以影响"社会性道德"的走向，人类精神品量的提升，有赖于每一个人内在人格的不断向上、向善地成长。人类也应当认清：个人人格完善离不开社会的协助，离不开文化传统，离不开自然界，所以必须回馈社会，丰富文化，保护自然。这样，人类才能懂得什么是"社会"，什么是"生命"，才能回答人为什么活着的问题，才能处理人类如何更好地生存发展的问题。

---

① 辛旗《诸神的争吵——国际冲突中的宗教根源》，四川人民出版社，1993年版，第153页。

参考书目

一、书籍

1. 《易经》

2. 《诗经》

3. 《礼记》

4. 《孝经》

5. 《论语》

6. 《孟子》

7. 《荀子》

8. 《墨子》

9. 《庄子》

10. 《淮南子》

11. 《曹操集》

12. 《曹子建集》

13. 《阮嗣宗集》范钦刊本（现藏台北故宫博物院）

14. 《阮嗣宗集》汪士贤刊本（现藏台北中央图书馆）

15. 《阮嗣宗集》薛应旂刊本（现藏台北故宫博物院）

16. 《嵇中散集》

17. 《陶渊明集》

18. 《古文苑》

19. 西汉·司马迁　《史记》

20. 东汉·班固　《汉书》

21. 南北朝·范晔　《后汉书》

22. 西晋·陈寿《三国志》

23. 唐·房玄龄等　《晋书》

24. 北宋·宋祁等　《新唐书》

25. 东汉·王充　《论衡》

26. 东汉·仲长统　《昌言》

27. 东汉·王符　《潜夫论》

28. 三国·王弼　《老子注》

29. 西晋·索靖　《草书状》

30. 西晋·陆机　《文赋》

31. 西晋·郭象　《庄子注》

32. 东晋·袁宏　《后汉纪》

33. 东晋·王羲之　《兰亭集序》

34. 东晋·王珉　《行书状》

35. 东晋·葛洪　《抱朴子》

36. 东晋·谢灵运　《辨宗论》

37. 南北朝·刘义庆　《世说新语》

38. 南北朝·钟嵘　《诗品》

39. 南北朝·谢赫　《古画品录》

40. 南北朝·刘勰　《文心雕龙》

41. 南北朝·沈约　《棋品序》

42. 隋·巢元方　《诸病源候总论》

43. 唐·杜佑　《通典》

44. 唐·欧阳询等　《艺文类聚》

45. 唐·虞世南编　《北堂书钞》

46. 北宋·李昉等编　《太平御览》

47. 北宋·李昉等编　《太平广记》

48. 北宋·司马光等编　《资治通鉴》

49. 南宋·严羽　《沧浪诗话》

50. 明·王世贞　《艺苑卮言》

51. 明·胡应麟　《诗薮内编》

52. 明·王夫之　《古诗评选》

53. 明·李沂　《秋星阁诗话》

54. 明·张溥　《汉魏六朝百三名家集》

55. 明·冯惟讷编　《诗纪》（现藏台北故宫博物院）

56. 清·刘熙载　《艺概》

57. 清·沈德潜编　《古诗源》

58. 清·何焯　《义门读书记》

59. 清·陈沆　《诗比兴笺》

60. 清·严可均编　《全上古三代秦汉三国六朝文》

61. 清·章学诚　《文史通义》

62. 清·阮元编　《皇清经解》

63. 清·丁福保编　《全三国晋南北朝诗》

64. 容肇祖　《魏晋的自然主义》，1935 年，上海商务印书馆。

65. 刘汝霖　《汉晋学术编年》，1932 年，上海商务印书馆。

66. 唐长孺　《魏晋玄学之形成及其发展》，见《魏晋与北朝史论丛》，1957 年，北京三联书店。

67. 钱穆　《论魏晋玄学三宗》，收入《庄老通辨》，1957 年，香港太平书局。

68. 黄节　《阮步兵咏怀诗注》，1957 年，艺文印书馆影印。

69. 刘大杰　《魏晋思想论》，1957 年，中华书局。

70.《二十五史补编》，1959 年，上海开明书店。

71. 侯外庐主编　《中国思想通史》，1957 年，人民出版社。

72. 汤用彤、任继愈　《魏晋玄学中的社会政治思想略论》，1956 年，上海人民出版社。

73. 汤用彤　《魏晋玄学论稿》，1957 年，人民出版社。

74.〔日〕狩野直喜　《魏晋学术考》，1968 年，筑摩书房。

75.〔日〕藤川正数　《魏晋时代表服礼的研究》，1960 年，敬文社。

76. 林庚、陈贻焮、袁行霈编　《魏晋南北朝文学史参考资料》，1960 年，中华书局。

77. 翦伯赞主编　《中外历史年表》，1961 年，中华书局。

78. 戴明扬　《嵇康集校注》，1962 年，人民文学出版社。

79. 王瑶　《文论的发展》，见《中古文学思想》，1951 年，棠棣出版社。

80. 黄锦鋐　《魏晋之庄学》、《庄子及其文学》，见《汉学论文集》，1970 年，惊声出版社。

81. 何启民　《阮籍》，见《中国历代思想家丛书》，1978 年，商务印书馆。

82. 章江　《魏晋南北朝文学家》，1971 年，大江出版社。

83. 罗光　《中国哲学史·两汉南北朝篇》，1978 年，学生书局。

84. 牟宗三　《魏晋玄学》，1961 年，东海大学出版社。

85. 牟宗三　《才性与玄理》，1978 年，学生书局。

86. 何启民　《魏晋思想与谈风》，1967 年，中国学术著作奖助委员会。

87. 周绍贤　《魏晋清谈述论》，1966 年，商务印书馆。

88. 钱穆　《国史大纲》上册，1977 年，商务印书馆。

89. 张仁青　《魏晋南北朝文学思想史》，1978 年，文史哲出版社。

90. 刘师培　《中国中古文学史》，1977 年，鼎文书局影印。

91. 徐嘉瑞　《中古文学概论》，1977 年，鼎文书局影印。

92. ［日］松本幸男　《阮籍的生涯与咏怀诗》，1977 年，东京木耳社。

93. 《辞海》附录，《中国历史纪年表》，1979 年，上海辞书出版社。

94. 王仲荦　《魏晋南北朝史》上、下册，1979 年，上海人民出版社。

95. 郭绍虞　《中国文学批评史》，1979 年，上海古籍出版社。

96. 劳干　《魏晋南北朝史》，1975 年，华冈出版公司。

97. 河北师院中文系古典文学教研组编　《三曹资料汇编》，1980 年，中华书局。

98. 任继愈主编　《中国哲学史》第二册，1979 年，人民出版社。

99. 何启民　《竹林七贤研究》，1984 年，学生书局。

100. 汤用彤　《魏晋玄学论稿》，收入《魏晋思想》甲编五种，1984 年，里仁书局。

101. 许抗生　《魏晋玄学史》，1989 年，陕西师范大学出版社。

102. 庄万寿　《嵇康研究及年谱》，1980 年，学生书局。

103. 陈伯君　《阮籍集校注》，1987 年，北京中华书局。

104. 周绍贤　《魏晋清谈述论》，1987 年，商务印书馆。

105. 楼宇烈　《王弼集校释》，1980 年，华正书局。

106. 余英时　《中国知识阶层史论》，1984 年，联经出版公司。

107. 邱镇京　《阮籍咏怀诗研究》，1980 年，文津出版社。

108. 张岱年　《中国哲学史大纲》，1982 年，中国社会科学出版社。

109. 逯耀东　《汉晋间对经书解释的转变》，1977 年，见《勒马长城》，时报文化出版公司。

110. 卢建荣　《魏晋自然思想》，1980 年，台北联鸣文化公司。

111. 丘为君　《自然与名教——汉晋思想的转折》，1981 年，木铎出版社。

112. 罗光　《中国哲学史·魏晋隋唐佛学篇》，1980 年，学生书局。

113. 王晓毅　《放达不羁的士族》，1989 年，陕西人民出版社。

114. 方诗铭　《中国历史纪年表》，1980 年，上海辞书出版社。

115. 江建俊　《建安七子学述》，1982 年，文史哲出版社。

116. 萧涤非　《汉魏六朝乐府文学史》，1981 年，长安出版社。

117. 胡国瑞　《魏晋南北朝文学史》，1980 年，上海文艺出版社。

118. 冯君实主编　《中国历史大事年表》，1985 年，辽宁人民出版社。

119. 冯友兰　《中国哲学史新编》第四册，1986 年，上海人民出版社。

120. 孙叔平　《中国哲学史稿》上卷，1980 年，上海人民出版社。

121. 唐晏　《两汉三国学案》，1986 年，中华书局。

122. 高敏　《魏晋南北朝社会经济史探讨》，1987 年，上海人民出版社。

123. 周一良　《魏晋南北朝史札记》，1985 年，中华书局。

124. 陶建国　《两汉魏晋之道家思想》，1986 年，文津出版社。

125. 辛冠洁编　《中国古代著名哲学家评传》续编二，1984 年，齐鲁书社。

126. 王葆玹　《正始玄学》，1987 年，齐鲁书社。

127. 白化文、许德楠　《阮籍嵇康年表》，1983 年，中华书局。

128. 余英时　《士与中国文化》，1987 年，上海人民出版社。

129. 李泽厚、刘纲纪主编 《中国美学史》第二卷上，1986 年，中国社会科学出版社。

130. 李泽厚 《美的历程》，1983 年，文物出版社。

131. 郑钦仁 《乡举里选——两汉的选举制度》，见《中国文化新论》制度篇，1982 年，联经出版事业公司。

132. 《汤用彤学术论文集》，1983 年，中华书局。

133. 汤用彤 《王弼之周易论语新义》，1983 年，中华书局。

134. 丁冠之 《阮籍评传》，收入《中国古代著名哲学家评传》续编二，1982 年，齐鲁书社。

135. 李泽厚 《试谈中国的智慧》，见《中国古代思想史论》，1985 年，上海人民出版社。

136. 游国恩、萧涤非主编 《中国文学史》第一卷，1983 年，人民文学出版社。

137. 韦政通 《阮籍的时代和他的思想》，见《中国哲学思想论集》，1988 年，水牛出版社。

138. 韦政通主编 《中国哲学辞典大全》，1983 年，水牛出版社。

139. 韦政通 《中国思想史》上、下册，1979 年，大林出版社。

140. 郑毓瑜 《阮籍的音乐审美观》，见《文学与美学》，1990 年，文史哲出版社。

141. 高罗佩 《中国古代的性与社会》，1994 年，风云时代出版社。

142. 胡适 《中国中古思想史长编》，见《胡适学术文集》，《中国哲学史》上册，1991 年，中华书局。

143. 胡适 《中国中古思想小史》，见《胡适学术文集》，《中国哲学史》上册，1991 年，中华书局。

144. 辛旗 《中国历代思想史·魏晋南北朝隋唐卷》，1993 年，文津出版社。

145. 辛旗 《诸神的争吵——国际冲突的宗教根源》，1993 年，四川人民出版社。

146. 辛旗 《中国古代围棋小史》，见《中华传统文化大观》，1993 年，中国大百科全书出版社。

147. 辛旗 《黑白魂·玄妙之谜》，1990 年，北京出版社。

148. 黄保真、成复旺、蔡钟翔 《中国文学理论史》，1993 年，洪叶文化事业有限公司。

149. ［日］福永光司编 《中国中世的宗教与文化》，1982 年，京都大学人文与科学研究所。

150. ［日］吉川忠夫 《六朝士大夫的精神生活》，《岩波讲座世界历史》五。

151. 易君左 《中国文学史》，华联出版社。

152. 高步瀛 《唐宋诗举要》，世界出版社。

153. 徐陵 《玉台新咏》，世界出版社。

154. 李日刚 《中国文学流变史》，白云书屋。

155. 傅伟勋 《批判的继承与创造的发展》，1986 年，东大图书公司。

156. 姜亮夫 《历代名人年里碑传总表》，1937 年，上海商务印书馆。

二、论文

1. 桑镐 《汉魏际之风尚与时代背景》，1929 年，《中央大学半月刊》1－3。

2. 鲁迅 《魏晋风度及文章与药及酒的关系》，1927 年，《北新半月刊》2—2。

3. 何蟠飞 《阮籍研究》，1937 年，《文学年报》第 3 期。

4. 范寿康　《魏晋的清谈》，1936 年，《武汉大学文哲季刊》5—2。

5. 董众　《阮步兵（籍）年谱》，1930 年，《东北丛刊》3。

6. 余嘉锡　《寒食散考》，《辅仁学志》第七卷，1、2 合期。

7. 孙德宣　《魏晋士风与老庄思想之演变》，1944 年，《中德学志》6—1、2 合刊。

8. 缪钺　《清谈与魏晋政治》，1948 年，《中国文化研究汇刊》8。

9. 汤用彤　《魏晋思想的发展》，1947 年，《学原》1—3。

10. 陆侃如　《建安文学系年》，1941 年，《清华学报》13—1。

11. 陈寅恪　《崔浩与寇谦之》，《岭南大学学报》第八卷第 1 期。

12. 高准　《魏晋六朝的文学观》，1958 年，《大学生活》3—10。

13. 钱穆　《读文选》，1958 年，《新亚学报》第三卷第 2 期。

14. 贺昌群　《汉末大乱中原人民之流徙与文化之传播》，《文史杂志》第二卷第 6 期。

15. 白简　《魏晋文学思想的述论》，《文学杂志》第二卷第 4 期。

16. 廖蔚卿　《论古诗十九首的艺术技巧》，《文学思潮》第二卷第 1 期。

17. 廖蔚卿　《论魏晋名士的狂与痴》，《中国古典文学研究丛刊》（散文与论文之部）。

18. 沈刚伯　《论文化蜕变兼述我国历史上的第一次文化大革新》，1969 年，《中山学术文化集刊》4。

19. 钱穆　《略论魏晋南北朝学术文化与当时门第之关系》，1960 年，《新亚学报》5—1。

20. 王韶生　《荆州学派与三国学术之关系》，1964 年，《崇基学报》4—1。

21. ［日］越智重明　《累世同居の出现そめぐいて》，1968 年，《史渊》第 100 号。

22. 牟宗三　《阮籍之风格》，《民主评论》第十三卷第 14 期。

23. 阮廷焯　《阮籍为郑冲劝晋王笺考辨》，《大陆杂志》第三十四卷第 9 期。

24. 齐益寿　《论阮籍的生命情调》，《幼狮杂志》第三十七卷第 1 期第 241 号。

25. 黄锦鋐　《阮籍和他的达庄论》，1977 年，《台湾师范大学学报》第 22 期。

26. 古苔光　《魏晋任诞人物的分类与行为的探讨》，1974 年，《淡江学报》12。

27. 余英时　《名教危机与魏晋士风的转变》，1979 年，《食货复刊》9—7、8 期。

28. 林丽贞　《从世说新语看魏晋清谈论辨的主题》，1977 年，《书目季刊》10—4。

29. 刘亮　《魏晋南北朝文化的特色》，1979 年，《中华文化复兴月刊》12—9。

30. 吕与昌　《阮籍咏怀诗析论》，《中外文学》第六卷第 7 期。

31. 徐高阮　《山涛论》，《中央研究院史语所集刊》第 41 本第 1 分册。

32. 高柏园　《阮籍乐论的美学意义》，《鹅湖月刊》第十七卷第 112 期。

33. 徐丽霞　《阮籍研究》，1980 年，《师大国文研究集刊》第二十四卷下。

34. 林敬天　《阮籍研究》，1980 年，《师大国文研究集刊》第二十四卷上。

35. 林明德　《阮籍的生命态度》，1985 年，《辅仁国文学报》1。

36. 林丽贞　《从隋志之著录看魏晋清谈及学术之迹象》，1985 年，《国立编译馆馆刊》14—2。

37. 林丽贞　《魏晋清谈名士之类型及谈风之盛况》，1983 年，《书目季刊》17—3。

38. 杜维明　《魏晋玄学中的体验思想》，1983 年，《明报月刊》18—9。

39. 丁怀轸　《从名实之争到本末有无之辨》，1987 年，《社会科学战线》4。

40. 丁怀轸、丁怀超　《阮籍与魏晋玄学的演变》，1989 年，《浙江学刊》6。

41. 余敦康　《阮籍、嵇康玄学思想的演变》，1987 年，《文史哲》3。

42. 杨国荣　《力命之辨与儒家的自由学说》，1991 年，《文史哲》6。

43. 景蜀慧　《魏晋官僚大族的重实之风及当时政治中的实用主义》，1994 年，《中国文化月刊》9—179。

44. 王晓毅　《王弼易学概述》，1994 年，《中国文化月刊》9—179。

45. 杨国荣　《自由及其限制——魏晋玄学与人的自由》，1994 年，《中国文化月刊》7—177。

46. 王晓毅　《人物志人才理论研究》，1992 年，《中国文化月刊》1—147。

47. 缪元朗　《浅论魏晋士大夫的饮酒风尚》，1993 年，《中国文化月刊》3—161。

48. 刘石　《文学价值与文学史价值的不平衡性》，1994 年，《中国文化月刊》2—172。

49. 陈廷湘　《存在的焦虑与天人感应》，1994 年，《中国文化月刊》6—176。

50. 李泽厚　《为什么活：个人主体性》，1994 年，《明报月刊》9。

51. 辛旗　《邹衍思想的转变及其阴阳五行学说的发微》，1988 年，《中国哲学史研究》3—32。

52. 辛旗 《中国传统人生哲学的主旨——立德、立功、立言与赞天地之化育》，1989 年，《中国哲学史研究》1—34。

53. 辛旗 《王符的社会批判思想与东汉末年清议思潮》，1994 年，《甘肃社会科学》3—85。

54. 辛旗 《魏晋玄学影响下的般若学与六家七宗》，1993 年，《中国文化月刊》9—167。

55. 辛旗 《简论魏晋南北朝隋唐思想流脉》，1993 年，《中国文化月刊》10—168。

56. 辛旗 《谈中华文化对西方的启迪》，1993 年，《中国文化月刊》11—169。

57. 辛旗 《中国文化思想中的宗教情怀》，1994 年，《中国文化月刊》3—173。

58. 辛旗 《论现代化进程中两岸传统文化的创造性转化》，1992 年，《河北社会科学》4。

年　表

一、本表上限始自曹操自命为丞相的建安十三年，魏无其名，已具其实，二年后阮籍出生。因阮籍一生处于汉、魏、晋禅让的过程中，故以他死后三年司马炎称帝建晋为下限。

二、本表以本书涉及的东汉、魏、西晋人物、事迹为主，有关魏晋学术思想流变的人物、事迹，以及较重要的事件，亦有选择地列入。

三、本表编制中参考了下列著作文献：

（1）翦伯赞主编：《中外历史年表》。

（2）唐晏：《两汉三国学案》。

（3）司马光等编：《资治通鉴》。

（4）刘汝霖：《汉晋学术编年》。

（5）白化文、许德楠：《阮籍嵇康年表》。

（6）陈寿：《三国志》。

（7）房玄龄等编：《晋书》。

（8）上海辞书出版社：《辞海》附录，《中国历史纪年表》。

（9）刘义庆：《世说新语》。

（10）冯君实主编：《中国历史大事年表》。

（11）姜亮夫：《历代名人年里碑传总表》。

（12）柏杨：《中国历史年表》。

（13）陈伯君：《阮籍集校注》，附录三，《阮籍年表》。

（14）邱镇京：《阮籍咏怀诗研究》，第一章，附《阮籍年表》。

（15）松本幸男：《阮籍的生涯与咏怀诗》，附《阮氏世系表》。

（16）杨荫深：《中国文学家列传》，附录一，《中国文学家籍贯生卒年表》。

（17）方诗铭：《中国历史纪年表》。

（18）陈垣编：《二十史朔闰表》。

（19）本田成之：《中国经学史》，附《中国经学年表》。

（20）辛冠洁主编：《中国古代著名哲学家评传》续编二。

汉建安十三年（208年）

（1）六月，曹操迫汉献帝罢三公官，置丞相、御史大夫，自命为丞相。

（2）八月，曹操杀孔融，夷其族。时荆州牧刘表死，子琮嗣。九月，曹操攻荆州，刘琮降。刘备遣诸葛亮东结孙权，以抗曹兵。

（3）十月，曹操以舟师攻孙权，权将周瑜大破之于乌林赤壁，操败退南郡，留兵守江陵、襄阳而还。

（4）十二月，刘备攻占武陵、长沙、桂阳、零陵诸郡。

汉建安十四年（209年）

（1）七月，曹操开芍陂屯田。

（2）十二月，周瑜破曹兵，攻占江陵。

汉建安十五年（210年）

（1）阮籍生。《晋书》本传载："景元四年冬卒。时年五十四。"景元四年为公元263年，上溯五十四年，当生于是年。

（2）春，曹操令荐人者唯才是举。冬，曹操建铜雀台于邺。

（3）周瑜图取蜀，末行，病死。孙权以鲁肃为奋武校尉，代瑜领兵。

汉建安十六年（211年）

（1）阮籍二岁。

（2）曹丕为五宫中郎将，置官属，为丞相副。曹操遣将击张鲁。韩遂、马超结凉州吏豪，起兵拒曹军于潼关。七月，曹操率兵击韩、马等，九月，大破之。

（3）刘璋迎刘备入蜀，欲以击张鲁。

（4）司马昭生。

汉建安十七年（212年）

（1）阮籍三岁。父阮瑀卒。曹丕悯其妻子孤弱，作《寡妇赋》，又命王粲等并作之。

（2）正月，朝廷加曹操赞拜不名、入朝不趋、剑履上殿。

（3）九月，孙权作石头城于秣陵，徙居之，改名建业。

（4）十二月，刘备据涪城图攻刘璋。

汉建安十八年（213年）

（1）阮籍四岁。

（2）汉献帝策命曹操为魏公，加九锡，以冀州十郡为魏公国。魏始建社稷宗庙，初置尚书、侍中、六卿等职。

（3）蒋济为丹阳太守。

汉建安十九年（214年）

（1）阮籍五岁。

（2）《资治通鉴》卷六十七载："（汉献）帝自都许以来，守位而已。左右侍卫，莫非曹氏之人者。……操后以事入殿中，帝不任其惧，因曰：'君若能相辅，则厚；不尔，幸垂恩相舍。'"三月，曹操位诸侯王上。十一月，曹操杀皇后伏氏，灭其族及二皇子。

(3) 五月，刘备逐刘璋，领益州牧。

汉建安二十年（215 年）

(1) 阮籍六岁。

(2) 五月，刘备、孙权分荆州，以湘水为界。

(3) 七月，曹操破汉中，张鲁遁；操徒汉中民八万余口于洛、邺。十一月，张鲁降于曹操，操遣将攻略三巴，张飞大破之。

汉建安二十一年（216 年）

(1) 阮籍七岁。

(2) 四月，曹操进号为魏王。魏以钟繇为相国。七月，南匈奴单于呼卓泉朝于魏，曹操留之，使右贤王曲卑监其国，单于岁给如列侯。

汉建安二十二年（217 年）

(1) 阮籍八岁。《太平御览》卷六百二十引《魏氏春秋》曰："阮籍幼有奇才异质，八岁能属文。"

(2) 魏以曹丕为太子，曹植失宠。曹操设天子旌旗，用冕十有二旒。

(3) 王粲卒。

汉建安二十三年（218 年）

(1) 阮籍九岁。

(2) 九月，曹彰大破乌桓，鲜卑大帅轲比能惧，请服。

汉建安二十四年（219 年）

(1) 阮籍十岁。

(2) 七月，刘备称汉中王。八月，关羽破曹操军。

(3) 九月，魏相国西曹椽魏讽谋袭邺，事泄被杀，连坐死者数千人。徐干死。仲长统死。

(4) 十一月，孙权袭取荆州，十二月，关羽败死。孙权上书曹操，称臣并陈说天命，操曰："若天命在吾，吾为周文王矣。"

汉延康元年，魏黄初元年（220 年）

（1）阮籍十一岁。

（2）正月，曹操卒，子丕袭爵位，嗣为丞相，改元延康。二月，陈群奏立九品官人法，州郡皆置中正，司选举事。十月，曹丕称帝，废汉献帝为山阳公，改元黄初。十一月，魏复三公官位。

（3）蒋济为散骑常侍。阮咸约生于是年。

魏黄初二年，汉昭烈帝章武元年（221 年）

（1）阮籍十二岁。

（2）正月，魏封孔羡为宗圣侯，奉祀孔子。

（3）四月，刘备称帝于成都，改元章武。

（4）孙权称臣于魏，受封为吴王，加九锡。

魏黄初三年，吴王黄武元年（222 年）

（1）阮籍十三岁。

（2）吴将陆逊大破刘备军于猇亭，备败遁白帝城。

（3）九月，魏攻吴，吴王孙权临江拒守，改元黄武。

魏黄初四年，汉后主建兴元年（223 年）

（1）阮籍十四岁。

（2）汉昭烈帝刘备卒，子禅即位，改元建兴。

（3）钟繇为魏太尉。嵇康生。

魏黄初五年（224 年）

（1）阮籍十五岁。

（2）魏立太学，置博士。

魏黄初六年（225 年）

（1）阮籍十六岁。

（2）诸葛亮七俘孟获七释之，南中四郡大定。

（3）钟繇之子钟会生。

魏黄初七年（226年）

（1）阮籍十七岁。随叔父至东郡，与王昶相见。

（2）魏文帝曹丕卒，太子睿嗣位，为明帝。钟繇为太傅，司马懿为骠骑大将军。曹真、陈群、曹休、司马懿并受遗诏辅政。

（3）王弼生。

魏太和元年（227年）

（1）阮籍十八岁。

（2）诸葛亮上《出师表》，驻军汉中，筹备攻魏。

（3）司马懿都督荆、豫州诸军事。

（4）向秀生。

魏太和二年（228年）

（1）阮籍十九岁。

（2）诸葛亮出祁山攻魏，魏将张郃大败马谡于街亭。

（3）六月，魏诏郡国贡士以经学为本。八月，魏军于石亭被吴将陆逊所败。

魏太和三年，吴大帝黄龙元年（229年）

（1）阮籍二十岁。

（2）四月，吴王孙权称帝，改元黄龙。六月，蜀汉遣使贺吴，结盟，约中分天下。九月，吴迁都建业。

（3）十月，魏诏刑律用郑玄章句，置律博士，令陈群等删订新律。

魏太和四年（230年）

（1）阮籍二十一岁。

（2）魏尚书诸葛诞、中书郎邓飏等相与结为党友，更相题表：以散骑常侍夏侯玄等四人为四聪，诞辈八人为八达，中书监刘放之子熙、中书令孙资之子密、吏部尚书卫臻之子烈为三豫。行司徒事董昭上疏诋之，帝善其言，于是免诞、飏等官。十二月，魏诏举贤良。钟繇卒。

魏太和五年（231 年）

（1）阮籍二十二岁。

（2）诸葛亮出祁山攻魏，以木牛流马运粮，屡破魏军。

魏太和六年（232 年）

（1）阮籍二十三岁。

（2）辽东公孙渊遣使称藩于吴。

（3）曹植卒。

魏太和七年，魏青龙元年（233 年）

（1）阮籍二十四岁。

（2）二月，魏改元青龙。三月，诏举贤良笃行之士。

（3）十二月，公孙渊杀吴使，函首献于魏，不受吴册封燕王号。魏假渊大司马，封乐浪公。

魏青龙二年（234 年）

（1）阮籍二十五岁。

（2）魏所废汉献帝刘协卒。魏司马懿拒诸葛亮于五丈原。八月，诸葛亮卒。

（3）王戎生。

魏青龙三年（235 年）

（1）阮籍二十六岁。

（2）魏以大将军司马懿为太尉。魏明帝大兴土木，筑构宫室，农桑失业。又耽于内宠，妇官秩而拟百官之数，令女尚书代为处理典章奏折。

极尽奢华，以大量战马向吴易取珠玑、翡翠、玳瑁等物。

魏青龙四年（236 年）

（1）阮籍二十七岁。

（2）魏明帝诏公卿举才德兼备各一人，司马懿以兖州刺史王昶应选。陈群上疏劝帝毋耗费于兴宫室。

魏景初元年（237 年）

（1）阮籍二十八岁。

（2）三月，魏改元景初。十月，徙长安铜镴于洛阳。大发铜铸铜人二，号翁仲。大建苑林，采民女以充后宫庭掖。

魏景初二年（238 年）

（1）阮籍二十九岁。约在此时写作《乐论》。

（2）魏遣司马懿攻公孙渊。八月，公孙渊败死，辽东、带方、乐浪、玄菟四郡并入魏。曹爽为大将军。

（3）嵇康十六岁著《游山九咏》，《北堂书钞》引《嵇康集》载：魏明帝异其文词，问左右："斯人安在，吾欲擢之。"遂任嵇康为浔阳长。

魏景初三年（239 年）

（1）阮籍三十岁。

（2）魏明帝死，子齐王芳嗣位，年八岁。加曹爽、司马懿侍中，假节钺，都督中外诸军，录尚书事。曹爽擢并州刺史毕轨及邓飏、李胜、何晏、丁谧等才名之士为心腹。丁谧为爽画策，使天子发诏转司马懿为太傅，外以名号尊之，内欲令尚书奏事先经爽。

魏正始元年（240 年）

（1）阮籍三十一岁。

（2）司马昭为洛阳典农中郎将转散骑常侍。

（3）何晏任散骑侍郎，开始在官场上清谈论道，兴起玄风，力倡"贵无"论哲学。

魏正始二年（241 年）

（1）阮籍三十二岁。约在此时与夏侯玄争论"乐"的社会功能。

（2）魏于淮南北大兴水利。

魏正始三年（242 年）

（1）阮籍三十三岁。魏太尉蒋济闻其才名，辟为僚属，阮籍作书《奏记诣太尉蒋济》婉拒。后经亲友劝说，勉强赴任，不久借病辞官。

（2）魏宗室曹爽与司马懿各自收罗党羽，形成对峙。

魏正始四年（243 年）

（1）阮籍三十四岁。约在此时作《通老论》。

（2）十一月，蜀汉蒋琬病重，以费祎为大将军录尚书事。

（3）王弼在裴徽的提携下于学术上崭露才华。何晏著编《论语集解》。

魏正始五年（244 年）

（1）阮籍三十五岁。

（2）曹爽攻蜀汉以建威名，蜀将王平拒之于汉中，费祎督诸军救援，爽大败，损失甚众。

（3）嵇康二十二岁，约于此时与魏谯王曹林之女成婚，后官拜中散大夫。钟会时年二十，任秘书郎。

（4）王弼、钟会、荀融进行《易》、《老子》中哲学问题的讨论。王弼注《老子》。

魏正始六年（245 年）

（1）阮籍三十六岁。应征做尚书郎，不久以病辞。

（2）魏刻石经《春秋》、《尚书》、《左传》等，共三十五碑。魏帝令以王朗所注《易传》课士。魏帝令司马懿乘舆上殿。何晏、夏侯玄、荀粲、王弼等清谈，玄风日盛。

（3）山涛为郡官。

魏正始七年（246 年）

（1）阮籍三十七岁。约在此时作《通易论》。

（2）蜀汉以姜维与费祎并录尚书事。

（3）傅嘏、钟会、王广、李丰围绕才性关系发生辩论，事后钟会将争论内容整理成书，后称"才性四本论"。

魏正始八年（247 年）

（1）阮籍三十八岁。曹爽召其为参军，作书《奏记诣曹爽》，拒不赴任，以疾辞官。召山涛亦未应。

（2）曹爽用何晏、邓飏、丁谧之谋，迁太后于永宁宫，专擅朝政，屡改制度。太傅司马懿不能禁，与爽有隙，懿称疾不与政事。爽兄弟数俱出游，懿阴与其子中护军师、散骑常侍昭谋诛曹爽。

（3）雍、凉羌胡附蜀汉反魏，姜维出陇右应之。

（4）王弼在何晏的提携下官至尚书郎。

魏正始九年（248 年）

（1）阮籍三十九岁。复为尚书郎。与年十五的王戎为忘年交。秋作《达庄论》，又过辞官隐居生活。此时，"竹林七贤"均未在仕途，常游于嵇康家乡河内郡山阳县，对曹爽与司马懿两大政治集团的争斗，持观望态度，形成退隐清谈风气。

（2）司马氏集团谋诛曹爽。

（3）十二月，何晏与管辂谈论"《易》九事"。王弼向曹爽谈玄理。

魏正始十年，魏嘉平元年（249 年）

（1）阮籍四十岁。为曹爽被诛事作《咏怀诗》第三首。时人谓其前年辞官深具远识。司马懿召阮籍为太傅从事中郎，秩千石，官六品。

（2）司马懿以罪杀曹爽、何晏及其党羽，皆夷三族。

（3）玄学名士王弼病卒。

魏嘉平二年（250 年）

（1）阮籍四十一岁。

（2）十二月，魏将王昶等分道攻吴。

（3）蜀汉姜维攻魏。

魏嘉平三年（251 年）

（1）阮籍四十二岁。约在此时作《鸠赋》。

（2）四月，魏王凌谋立楚王彪，司马懿觉察，杀之。置魏诸王公于邺，使人监守，不得与人交往。八月，司马懿死，其子师为抚军大将军，录尚书事。

（3）十二月，吴命诸葛恪以大将军领太子太傅，主国政。

魏嘉平四年（252 年）

（1）阮籍四十三岁。司马师召阮籍为大司马从事中郎。竹林名士山涛、王戎亦先后入仕于司马师。

（2）正月，司马师为魏大将军，钟会谒见司马师。

（3）四月，吴大帝孙权死，子亮嗣，改元建兴。十一月，魏三路攻吴，为诸葛恪所败。

魏嘉平五年（253 年）

（1）阮籍四十四岁。

（2）魏降将郭修刺杀蜀汉大将军费祎。吴诸葛恪发兵攻魏。蜀姜维攻魏无功而退。十月，吴孙峻等杀诸葛恪，夷三族，峻为丞相。

（3）嵇康三十一岁生子嵇绍。钟会携《四本论》访嵇康，遭冷遇。向秀与嵇康、吕安等过从甚密。

魏嘉平六年，魏正元元年（254 年）

（1）阮籍四十五岁。在大将军府作《首阳山赋》，司马师废齐王曹芳时，阮籍作《咏怀诗》其十一首记此事。曹髦为帝，封阮籍为关内侯，徒散骑常侍，成为皇帝的属官。亦封钟会为关内侯。约此年阮籍大醉六十日，婉拒司马昭为其子炎向阮的女儿求婚。

（2）二月，司马师杀名士李丰、中书令李韬、太常夏侯玄、皇后父张缉、黄门监苏铄、永宁宫令乐敦、见从仆射刘贤，皆夷三族。九月，废魏帝为齐王。十月，立高贵乡公曹髦为帝，改元正元，司马师为相国，进大都督，假黄钺，剑履上殿，封司马昭为高都侯。

魏正元二年（255 年）

（1）阮籍四十六岁。司马昭继大将军位时，阮籍求任东平相，旬日而还，作《东平赋》。又任从事中郎，成为大将军司马昭的属官。

（2）正月，魏扬州刺史文钦、镇东将军毋丘俭起兵寿春，讨司马师。兵败，钦奔吴，俭死，夷三族。寿春城中十余万口惧诛，或流迸山泽，或散入吴。二月，司马师死，其弟昭为大将军，录尚书事。

（3）王昶为骠骑将军，山涛为其从事中郎。

魏正元三年，魏甘露元年（256）

（1）阮籍四十七岁。求为步兵校尉，秩比二千石，第四品，为中央政府官职。约在此时奉司马昭命赴汲郡北山往观孙登，返后作《大人先生传》。约是年遭母丧，不拘常礼，为何曾攻讦，司马昭庇护之。朝野名士吊唁，嵇康曾至洛阳吊丧。

（2）六月，魏改元甘露。七月，魏将邓艾大破蜀将姜维。八月，司马昭进号大都督，剑履上殿，假黄钺。曹髦幸太学，问诸儒《易》、《书》、《礼记》之义并讲论，隐有反对司马氏的内容。

（3）经学家王肃卒。

魏甘露二年（257 年）

（1）阮籍四十八岁。

(2) 五月，魏征东大将军诸葛诞称臣于吴，据寿春。七月，魏围寿春，吴孙琳发兵救诸葛诞，屡败。

魏甘露三年，吴永安元年（258 年）

(1) 阮籍四十九岁。

(2) 司马昭用黄门侍郎钟会计破寿春，杀诸葛诞。

(3) 吴孙琳废吴帝为会稽王。十月，立琅琊王休为景帝，改元永安，以琳为丞相。十二月，景帝诛琳。吴置学官，立五经博士，令将吏子弟受业。

(4) 嵇康三十六岁，因与前毋丘俭起兵事有牵连，又未应司马昭辟召，避居河东。约此时从孙登游于苏门山一带。

(5) 魏帝诏司马昭为相国，封晋公，加九锡，昭九让暂止。王昶为司空。

魏甘露四年（259 年）

(1) 阮籍五十岁。

(2) 王昶卒。

魏甘露五年，景元元年（260 年）

(1) 阮籍五十一岁。作《咏怀诗》其七寓废帝事。

(2) 魏帝髦讨司马昭，被其部将成济杀。昭追废魏帝为庶人。六月，立常道乡公璜，更名奂，改元景元。

(3) 嵇康自河东还山阳，曾在洛阳太学写石经古文异事。

魏景元二年（261 年）

(1) 阮籍五十二岁。为司空郑冲等撰写劝司马昭受九锡文《劝晋王笺》。

(2) 司马昭进位相国，公卿将校劝进为晋公。

(3) 山涛由吏部郎迁散骑常侍，举嵇康任其原职。嵇康作《与山巨源绝交书》，在政治上公开反司马昭。

魏景元三年（262 年）

（1）阮籍五十三岁。

（2）嵇康为吕安被诬不孝事系狱，作《幽愤诗》。司马昭杀嵇康，太学生数千人请为师，冀免其死，未果。

（3）魏以钟会都督关中诸军事。

魏景元四年（263 年）

（1）阮籍五十四岁。作《荐卢播书》。冬，卒。

（2）八月，将钟会、邓艾率兵分道攻蜀汉。十月，吴以蜀汉告急而攻魏。十二月，魏邓艾至成都，刘禅降，敕姜维降于钟会，蜀汉亡。

（3）司马昭受晋公、加九锡之封。

魏景元五年，咸熙元年（264 年）

（1）司马昭为晋王。五月，改元咸熙。

（2）魏命中抚军司马炎副贰相国事。

魏咸熙二年，晋泰始元年（265 年）

（1）八月，司马昭死，子炎袭爵嗣位。

（2）十二月，司马炎迫魏帝曹奂禅位，废为陈留王，易魏为晋，改元泰始，是为晋武帝。

（3）晋初置谏官，以散骑常侍傅玄等为之。玄请崇礼教，退虚诞，以肃士风。

索 引

二 画

三 画

五　画

六　画

七　画

九 画

十二画

图书在版编目（ＣＩＰ）数据

阮籍评传 / 辛旗著 . —北京：华艺出版社，2012.11
ISBN 978-7-80252-328-9

Ⅰ.①阮… Ⅱ.①辛… Ⅲ.① 阮籍（210～263）—评传
Ⅳ.①B235.95

中国版本图书馆CIP数据核字(2012)第250190号

阮籍评传

作　　者：辛　旗
责任编辑：张希明　郑治清
出版发行：华艺出版社
社　　址：北京海淀区北四环中路229号海泰大厦10层
电　　话：010-82885151
邮　　编：100083
电子信箱：huayip@vip.sina.com
网　　站：www.huayicbs.com
印　　刷：北京天正元印刷有限公司
开　　本：1/16
字　　数：200千字
印　　张：14
版　　次：2012年11月第一版
印　　次：2012年11月第一次印刷
书　　号：ISBN 978-7-80252-328-9
定　　价：48.00元

华艺版图书，版权所有，侵权必究。

华艺版图书，印装错误可随时退换。